enVision® Matemáticas

Volumen 2 Temas 8 a 15

Autores

Randall I. Charles
Professor Emeritus
Department of Mathematics
San Jose State University
San Jose, California

Jennifer Bay-Williams
Professor of Mathematics Education
College of Education and Human
Development
University of Louisville
Louisville, Kentucky

Robert Q. Berry, III
Professor of Mathematics Education
Department of Curriculum,
Instruction and Special Education
University of Virginia
Charlottesville, Virginia

Janet H. Caldwell
Professor Emerita
Department of Mathematics
Rowan University
Glassboro, New Jersey

Zachary Champagne
Assistant in Research
Florida Center for Research in Science,
Technology, Engineering, and
Mathematics (FCR-STEM)
Jacksonville, Florida

Juanita Copley
Professor Emerita, College of Education
University of Houston
Houston, Texas

Warren Crown
Professor Emeritus of Mathematics
Education
Graduate School of Education
Rutgers University
New Brunswick, New Jersey

Francis (Skip) Fennell
Professor Emeritus of
Education and Graduate and
Professional Studies
McDaniel College
Westminster, Maryland

Karen Karp
Professor of
Mathematics Education
School of Education
Johns Hopkins University
Baltimore, Maryland

Stuart J. Murphy
Visual Learning Specialist
Boston, Massachusetts

Jane F. Schielack
Professor Emerita
Department of Mathematics
Texas A&M University
College Station, Texas

Jennifer M. Suh
Associate Professor for
Mathematics Education
George Mason University
Fairfax, Virginia

Jonathan A. Wray
Mathematics Supervisor
Howard County Public Schools
Ellicott City, Maryland

SAVVAS
LEARNING COMPANY

Matemáticos

Roger Howe
Professor of Mathematics
Yale University
New Haven, Connecticut

Gary Lippman
Professor of Mathematics and
Computer Science
California State University, East Bay
Hayward, California

Asesores de ELL

Janice R. Corona
Independent Education Consultant
Dallas, Texas

Jim Cummins
Professor
The University of Toronto
Toronto, Canada

Revisores

Robert Curran
Instructional Math Coach
Duval County Public Schools
Jacksonville, Florida

Megan Hanes
Math Coach
Marion County Public Schools
Ocala, Florida

Connie Jeppessen
Elementary Math
Instructional Coach
Hernando County School District
Brooksville, Florida

Jacqueline LeJeune
Mathematics Academic Coach
Hillsborough County
Public Schools
Tampa, Florida

Lesley Lynn
Academic Math Coach
Hillsborough County
Public Schools
Tampa, Florida

Christina Pescatrice Mrozek
Assistant Principal
Orange County Public Schools
Orlando, Florida

Pam Root
Teacher
Felix A. Williams Elementary Martin
County School District
Stuart, Florida

Ashley Russell
Elementary Math Teacher
Chets Creek Elementary
Jacksonville, Florida

Tiffany Thibault
Lead Teacher
Lake County Schools
Tavares, Florida

Shanna Uhe
Math Academic Coach
Hillsborough County
Public Schools
Tampa, Florida

ISBN-13: 978-0-13-496277-1
ISBN-10: 0-13-496277-X

5 22

Recursos digitales

¡Usarás estos recursos digitales a lo largo del año escolar!

Visita SavvasRealize.com

 Libro del estudiante
Tienes acceso en línea y fuera de línea.

 Aprendizaje visual
Interactúa con el aprendizaje visual animado.

 Evaluación
Muestra lo que aprendiste.

 Cuaderno de práctica adicional
Tienes acceso en línea y fuera de línea.

 Amigo de práctica
Haz prácticas interactivas en línea.

 Herramientas matemáticas
Explora las matemáticas con herramientas digitales.

A-Z **Glosario**
Lee y escucha en inglés y en español.

SAVVAS realize™ Todo lo que necesitas para las matemáticas a toda hora y en cualquier lugar.

¡Hola! Estamos aquí para ayudarte. ¡Que tengas un buen año escolar!
Me llamo Alex.
Me llamo Jada.
Me llamo Daniel.
Me llamo Jackson.
Me llamo Marta.
Me llamo Carlos.
Me llamo Emily.

Contenido

Recursos digitales en SavvasRealize.com

TEMAS

1. La suma y la resta

2. Sumar y restar con fluidez hasta el 10

3. Operaciones de suma hasta el 20: Usar estrategias

4. Operaciones de resta hasta el 20: Usar estrategias

5. Trabajar con ecuaciones de suma y resta

6. Representar e interpretar datos

7. Ampliar la sucesión de conteo

8. El valor de posición

9. Comparar números de dos dígitos

10. Usar modelos y estrategias para sumar decenas y unidades

11. Usar modelos y estrategias para restar decenas

12. Medir longitudes

13. La hora y el dinero

14. Razonar usando figuras y sus atributos

15. Partes iguales de círculos y rectángulos

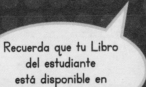

Recuerda que tu Libro del estudiante está disponible en SavvasRealize.com.

SavvasRealize.com

TEMA 1 en el volumen 1
La suma y la resta

Proyecto de **enVision**® STEM 1
Repasa lo que sabes 2
Escoge un proyecto 3
Matemáticas en 3 actos: Vistazo: Come un bocado 4

1-1   **Añadir** 5

1-2   **Juntar** 9

1-3   **Dos sumandos desconocidos** 13

1-4   **Quitar** 17

1-5   **Comparar situaciones** 21

1-6   **Más sobre comparar situaciones** 25

1-7   **Un cambio desconocido** 29

1-8   **Practicar la suma y la resta** 33

1-9   **RESOLUCIÓN DE PROBLEMAS Construir argumentos** 37

Actividad de repaso de fluidez 41
Repaso del vocabulario 42
Refuerzo 43
Práctica para la evaluación del tema 47
Tarea de rendimiento del tema 51

TEMA 2 en el volumen 1
Sumar y restar con fluidez hasta el 10

Proyecto de **enVision**® STEM 53
Repasa lo que sabes 54
Escoge un proyecto 55

2-1   **Contar hacia adelante para sumar** 57

2-2   **Dobles** 61

2-3   **Casi dobles** 65

2-4   **Operaciones con 5 en un marco de 10** 69

2-5   **Sumar en cualquier orden** 73

2-6   **Contar hacia atrás para restar** 77

2-7   **Pensar en la suma para restar** 81

2-8   **Resolver problemas verbales con operaciones hasta el 10** 85

2-9   **RESOLUCIÓN DE PROBLEMAS Buscar y usar la estructura** 89

Actividad de práctica de fluidez 93
Repaso del vocabulario 94
Refuerzo 95
Práctica para la evaluación del tema 99
Tarea de rendimiento del tema 100

TEMA 3 en el volumen 1
Operaciones de suma hasta el 20: Usar estrategias

Proyecto de **enVision**® STEM 105
Repasa lo que sabes 106
Escoge un proyecto 107
Matemáticas en 3 actos: Vistazo: Es tu turno 108

3-1 Contar hacia adelante para sumar 109

3-2 Contar hacia adelante para sumar con una recta numérica vacía 113

3-3 Dobles 117

3-4 Dobles y más. 121

3-5 Formar 10 para sumar 125

3-6 Más sobre formar 10 para sumar 129

3-7 Explicar estrategias de suma 133

3-8 Resolver problemas verbales de suma
con operaciones hasta el 20 137

3-9 RESOLUCIÓN DE PROBLEMAS Evaluar el razonamiento. 141

Actividad de práctica de fluidez 145
Repaso del vocabulario 146
Refuerzo. 147
Práctica para la evaluación del tema 151
Tarea de rendimiento del tema. 155

TEMA 4 en el volumen 1
Operaciones de resta hasta el 20: Usar estrategias

Proyecto de **enVision**® STEM 157
Repasa lo que sabes 158
Escoge un proyecto 159

4-1 Contar para restar 161

4-2 Formar 10 para restar 165

4-3 Más sobre formar 10 para restar 169

4-4 Familias de operaciones 173

4-5 Usar la suma para restar. 177

4-6 Más sobre usar la suma para restar 181

4-7 Explicar estrategias de resta 185

4-8 Resolver problemas verbales
con operaciones hasta el 20 189

4-9 RESOLUCIÓN DE PROBLEMAS Razonar 193

Actividad de práctica de fluidez 197
Repaso del vocabulario 198
Refuerzo. 199
Práctica para la evaluación del tema 203
Tarea de rendimiento del tema. 207

TEMA 5 en el volumen 1
Trabajar con ecuaciones de suma y resta

Proyecto de **enVision**® STEM 209
Repasa lo que sabes 210
Escoge un proyecto 211
Matemáticas en 3 actos: Vistazo: Demasiado pesado 212

5-1   **Hallar los números desconocidos** 213

5-2   **Ecuaciones verdaderas o falsas** 217

5-3   **Crear ecuaciones verdaderas** 221

5-4   **Sumar tres números** 225

5-5   **Problemas verbales con tres sumandos** 229

5-6   **Resolver problemas verbales de suma y resta** 233

5-7   **RESOLUCIÓN DE PROBLEMAS Precisión** 237

Actividad de práctica de fluidez 241
Repaso del vocabulario 242
Refuerzo 243
Práctica para la evaluación del tema 245
Tarea de rendimiento del tema 247

TEMA 6 en el volumen 1
Representar e interpretar datos

Proyecto de **enVision**® STEM 249
Repasa lo que sabes 250
Escoge un proyecto 251

6-1   **Organizar datos en tres categorías** 253

6-2   **Reunir y representar datos** 257

6-3   **Interpretar datos** 261

6-4   **Más sobre interpretar datos** 265

6-5   **RESOLUCIÓN DE PROBLEMAS Entender y perseverar** 269

Actividad de práctica de fluidez 273
Repaso del vocabulario 274
Refuerzo 275
Práctica para la evaluación del tema 277
Tarea de rendimiento del tema 279

TEMA 7 en el volumen 1
Ampliar la sucesión de conteo

Proyecto de **enVision**® STEM 281

Repasa lo que sabes 282

Escoge un proyecto 283

Matemáticas en 3 actos: Vistazo: Súper *selfie* 284

7-1 Contar de 10 en 10 hasta 120 285

7-2 Contar de 1 en 1 hasta 120 289

7-3 Contar en una tabla numérica hasta 120 293

7-4 Contar de 1 en 1 o de 10 en 10 hasta 120 297

7-5 Contar con una recta numérica vacía 301

7-6 Contar y escribir números 305

7-7 RESOLUCIÓN DE PROBLEMAS **Razonamientos repetidos** 309

Actividad de práctica de fluidez 313

Repaso del vocabulario 314

Refuerzo 315

Práctica para la evaluación del tema 317

Tarea de rendimiento del tema 319

Puedes pensar en los números de diferentes maneras. 23 es 2 grupos de 10 y 3 sobrantes.

TEMA 8
El valor de posición

Proyecto de **enVision**® STEM 321
Repasa lo que sabes 322
Escoge un proyecto 323

8-1 Formar los números del 11 al 19 325

8-2 Números formados con decenas 329

8-3 Contar con grupos de decenas y unidades 333

8-4 Decenas y unidades 337

8-5 Más sobre decenas y unidades 341

8-6 Nombres diferentes para el mismo número 345

8-7 RESOLUCIÓN DE PROBLEMAS Buscar y usar la estructura 349

Actividad de práctica de fluidez 353
Repaso del vocabulario 354
Refuerzo 355
Práctica para la evaluación del tema 357
Tarea de rendimiento del tema 359

Para comparar estos números, compara pimero las decenas.

42 es mayor que 24.

42 $>$ 24

TEMA 9
Comparar números de dos dígitos

Proyecto de **enVision**® STEM 361

Repasa lo que sabes 362

Escoge un proyecto 362

Matemáticas en 3 actos: Vistazo: Inversión de dígitos 364

9-1 I más, I menos; 10 más, 10 menos 365

9-2 Hallar números en una tabla de 100 369

9-3 Comparar números 373

9-4 Comparar números con símbolos (>, <, =) 377

9-5 Comparar números en una recta numérica 381

9-6 RESOLUCIÓN DE PROBLEMAS Entender y perseverar 385

Actividad de práctica de fluidez 389

Repaso del vocabulario 390

Refuerzo 391

Práctica para la evaluación del tema 393

Tarea de rendimiento del tema 395

Por cada decena que sumes, baja una fila en la tabla de 100.

1	2	3	4	5	6	7	8	9	10
11	12	13	14	15	16	17	18	19	20
21	22	23	24	25	26	27	28	29	30

TEMA 10
Usar modelos y estrategias para sumar decenas y unidades

Proyecto de **enVision**® STEM 397
Repasa lo que sabes 398
Escoge un proyecto 399

10-1 Sumar decenas usando modelos 401

10-2 Cálculo mental: 10 más que un número 405

10-3 Sumar decenas y unidades usando una tabla de 100 409

10-4 Sumar decenas y unidades usando una recta numérica vacía 413

10-5 Sumar decenas y unidades usando modelos 417

10-6 Formar una decena para sumar 421

10-7 Sumar usando el valor de posición 425

10-8 Practicar la suma usando estrategias 429

10-9 RESOLUCIÓN DE PROBLEMAS Representar con modelos matemáticos 433

Actividad de práctica de fluidez 437
Repaso del vocabulario 438
Refuerzo 439
Práctica para la evaluación del tema 443
Tarea de rendimiento del tema 447

Contenido

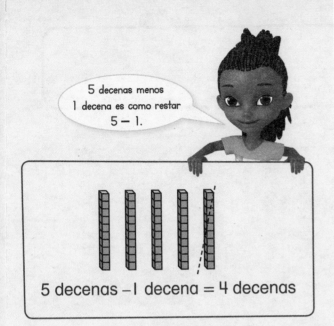

5 decenas menos
1 decena es como restar
5 − 1.

5 decenas −1 decena = 4 decenas

TEMA 11
Usar modelos y estrategias para restar decenas

Proyecto de **enVision**® STEM 449
Repasa lo que sabes 450
Escoge un proyecto 451
Matemáticas en 3 actos: Vistazo: Tantos colores 452

11-1   **Restar decenas usando modelos** 453

11-2   **Restar decenas usando una tabla de 100** 457

11-3   **Restar decenas usando una recta numérica vacía** 461

11-4   **Usar la suma para restar decenas** 465

11-5   **Cálculo mental: Diez menos que un número** 469

11-6   **Usar estrategias para practicar la resta** 473

11-7   **RESOLUCIÓN DE PROBLEMAS Representar con modelos matemáticos** 477

Actividad de práctica de fluidez 481
Repaso del vocabulario 482
Refuerzo. 483
Práctica para la evaluación del tema 485
Tarea de rendimiento del tema. 487

SavvasRealize.com

El crayón mide 2 cubos de longitud.

TEMA 12
Medir longitudes

Proyecto de **enVision**® STEM 489
Repasa lo que sabes 490
Escoge un proyecto 491

12-1 Comparar y ordenar según la longitud 493

12-2 Medición indirecta 497

12-3 Usar unidades para medir la longitud 501

12-4 RESOLUCIÓN DE PROBLEMAS Usar herramientas apropiadas 505

Actividad de práctica de fluidez 509
Repaso del vocabulario 510
Refuerzo 511
Práctica para la evaluación del tema 513
Tarea de rendimiento del tema. 515

Contenido

El minutero y la manecilla de la hora te ayudan a leer la hora en un reloj.

minutero

manecilla de la hora

TEMA 13
La hora y el dinero

Proyecto de **enVision**® STEM 517

Repasa lo que sabes 518

Escoge un proyecto 519

Matemáticas en 3 actos: Vistazo: Secado por goteo 520

13-1 OPCIONAL **Decir el valor de las monedas** 521

13-2 OPCIONAL **Hallar el valor de un grupo de monedas.** 525

13-3 **La manecilla de la hora y el minutero** 529

13-4 **Decir y escribir la hora en punto.** 533

13-5 **Decir y escribir la hora a la media hora más cercana** 537

13-6 RESOLUCIÓN DE PROBLEMAS **Razonar** 541

Actividad de práctica de fluidez 545

Repaso del vocabulario 546

Refuerzo. 547

Práctica para la evaluación del tema 549

Tarea de rendimiento del tema. 551

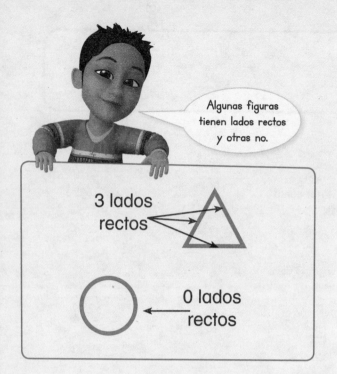

Algunas figuras tienen lados rectos y otras no.

3 lados rectos

0 lados rectos

TEMA 14
Razonar usando figuras y sus atributos

Proyecto de **enVision**® STEM 553
Repasa lo que sabes 554
Escoge un proyecto 555

14-1 Usar atributos para definir figuras bidimensionales 557

14-2 Atributos que definen y no definen a las figuras bidimensionales 561

14-3 Construir y dibujar figuras bidimensionales según sus atributos 565

14-4 Crear figuras bidimensionales 569

14-5 Crear nuevas figuras bidimensionales usando figuras bidimensionales 573

14-6 Usar atributos para definir figuras tridimensionales 577

14-7 Atributos que definen y no definen a las figuras tridimensionales 581

14-8 Crear figuras tridimensionales 585

14-9 RESOLUCIÓN DE PROBLEMAS Entender y perseverar 589

Actividad de práctica de fluidez 593
Repaso del vocabulario 594
Refuerzo 595
Práctica para la evaluación del tema 599
Tarea de rendimiento del tema 603

Este círculo está dividido en cuartos.

TEMA 15
Partes iguales de círculos y rectángulos

Proyecto de **enVision**® STEM 605

Repasa lo que sabes 606

Escoge un proyecto 607

Matemáticas en 3 actos: Vistazo: Agregados 608

15-1 **Formar partes iguales** 609

15-2 **Formar medios y cuartos de rectángulos y de círculos** 613

15-3 **Medios y cuartos** 617

15-4 **RESOLUCIÓN DE PROBLEMAS Representar con modelos matemáticos** 621

Actividad de práctica de fluidez 625

Repaso del vocabulario 626

Refuerzo 627

Práctica para la evaluación del tema 629

Tarea de rendimiento del tema 631

SavvasRealize.com

Manual de Prácticas matemáticas y resolución de problemas

El **Manual de Prácticas matemáticas y resolución de problemas** está disponible en SavvasRealize.com.

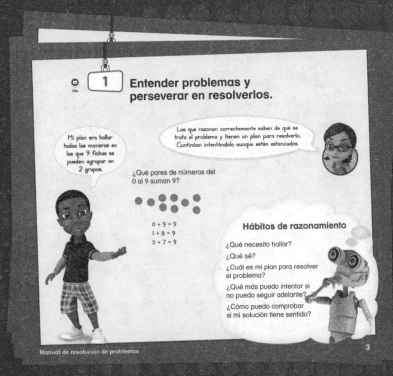

Prácticas matemáticas

Guía para la resolución de problemas

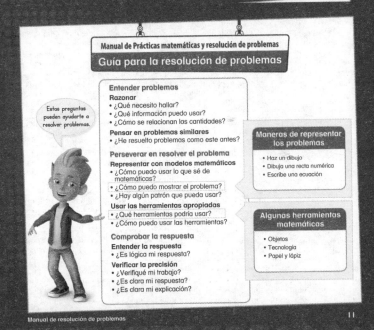

Resolución de problemas: Hoja de anotaciones

TEMA 8

El valor de posición

Pregunta esencial: ¿Cómo puedes contar y sumar decenas y unidades?

Recursos digitales

Libro del estudiante · Aprendizaje visual · Práctica

Evaluación · Herramientas · Glosario

Hay más horas de luz durante el verano que durante el invierno.

¡Qué interesante! Hagamos este proyecto para aprender más.

Proyecto de enVision STEM: Las horas de luz durante el año

Investigar Habla con tu familia y tus amigos sobre por qué hay más horas de luz en el verano que en el invierno. Pídeles que te ayuden a encontrar información sobre los cambios en las horas de luz en cada estación.

Diario: Hacer un libro Haz dibujos de la inclinación de la Tierra con respecto al Sol en diferentes épocas del año. En tu libro, también:
- rotula tus dibujos con las palabras *verano* o *invierno*.
- escribe una oración para describir el patrón de las estaciones en tus propias palabras.

Nombre _____

Repasa lo que sabes

A-Z Vocabulario

1. Encierra en un círculo el **dígito de las decenas**.

48

2. Encierra en un círculo el **dígito de las unidades**.

76

3. Usa **marcos de 10** para hallar la suma.

$7 + 9 =$ _____

Contar hasta 120

4. Escribe el número que sigue cuando cuentas hacia adelante de 1 en 1. Usa la tabla de 100 para ayudarte.

110, 111, 112, _____

5. María empieza en 30 y cuenta de 10 en 10.

Escribe los números que faltan.

30, _____, _____,

60, _____

Tabla de 100

6. Escribe los números que faltan en esta parte de la tabla de 100.

42		44		46
	53	54		

Escoge un proyecto

PROYECTO
8A

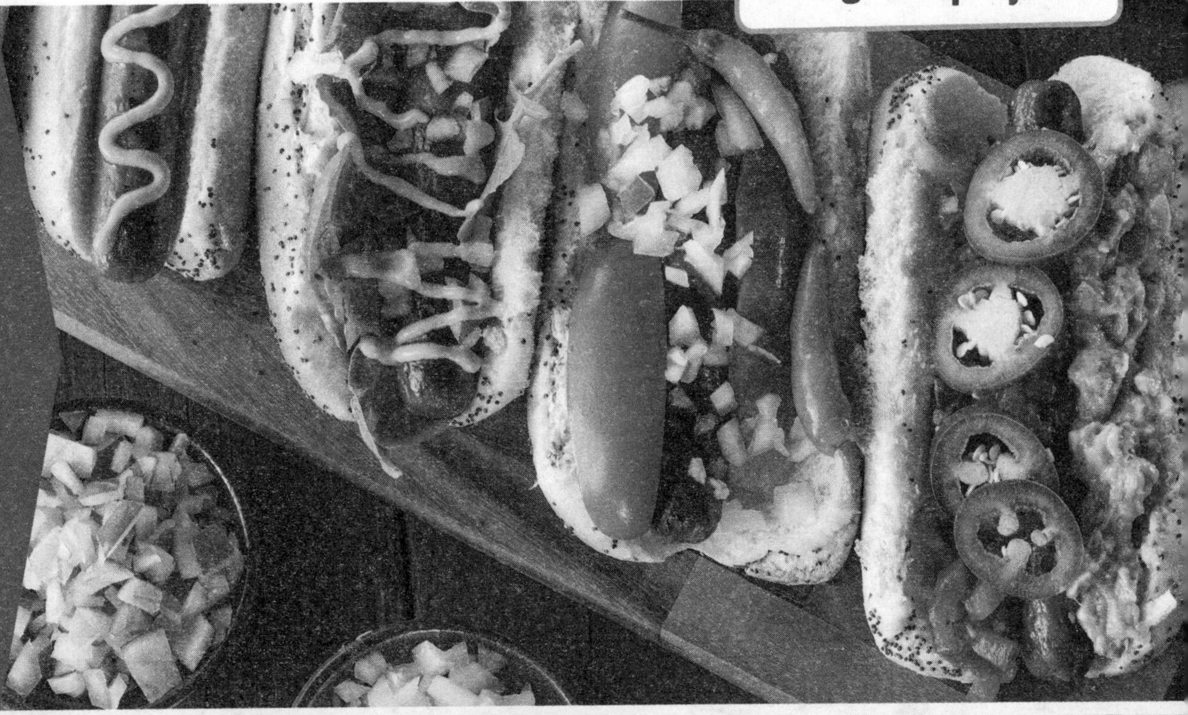

¿Qué le pones a tu *hot dog*?

Proyecto: Actúa como si estuvieras sirviendo *hot dogs*

PROYECTO
8B

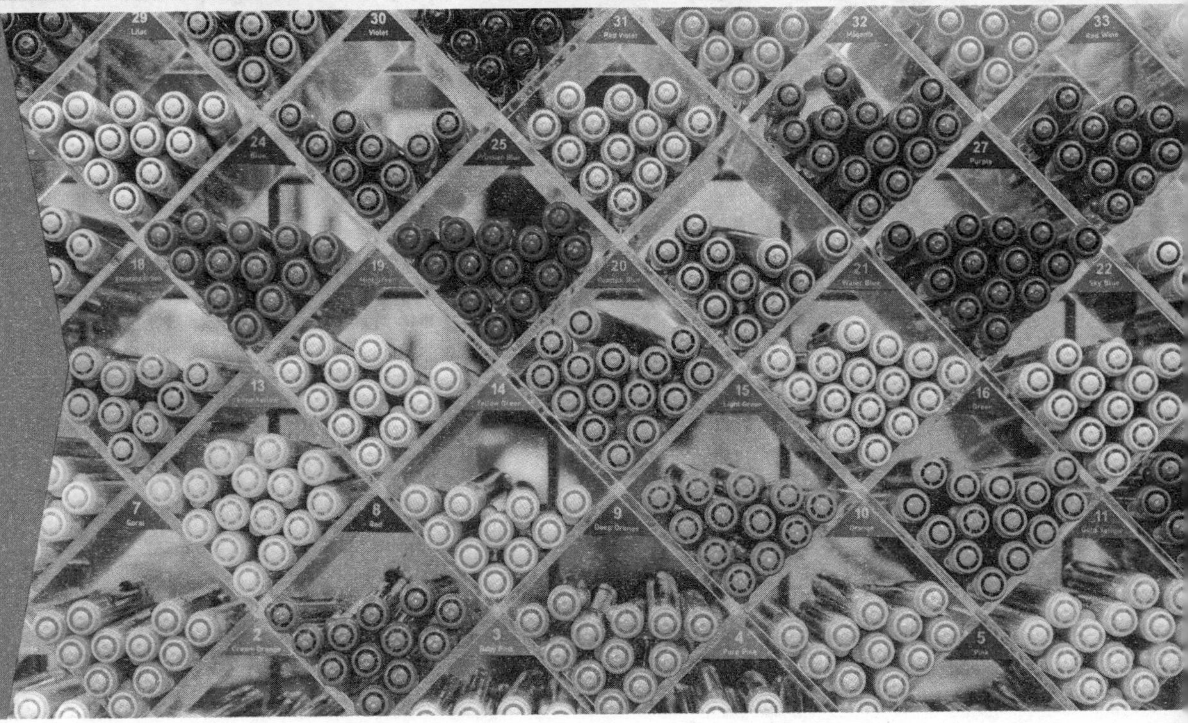

¿Cuál es tu color favorito?

Proyecto: Haz un cartel colorido

PROYECTO
8C

¿Puedes comerte un tigre?

Proyecto: Juega a un juego apilando galletas saladas

PROYECTO
8D

¿Qué animales marinos tienen 10 patas?

Proyecto: Haz un dibujo con los dedos

Nombre ______________________________

Lección 8-1

Formar los números del 11 al 19

Puedo...
leer y escribir números del 11 al 19.

También puedo representar con modelos matemáticos.

Resuélvelo y coméntalo Usa fichas y marcos de 10 para mostrar 12, luego 15 y luego 18. Dibuja tus fichas en los siguientes marcos de 10.

Di en qué son iguales o diferentes estos números.

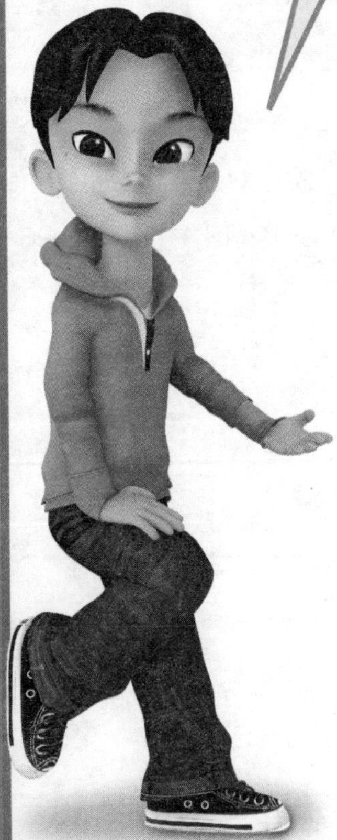

12 **15** **18**

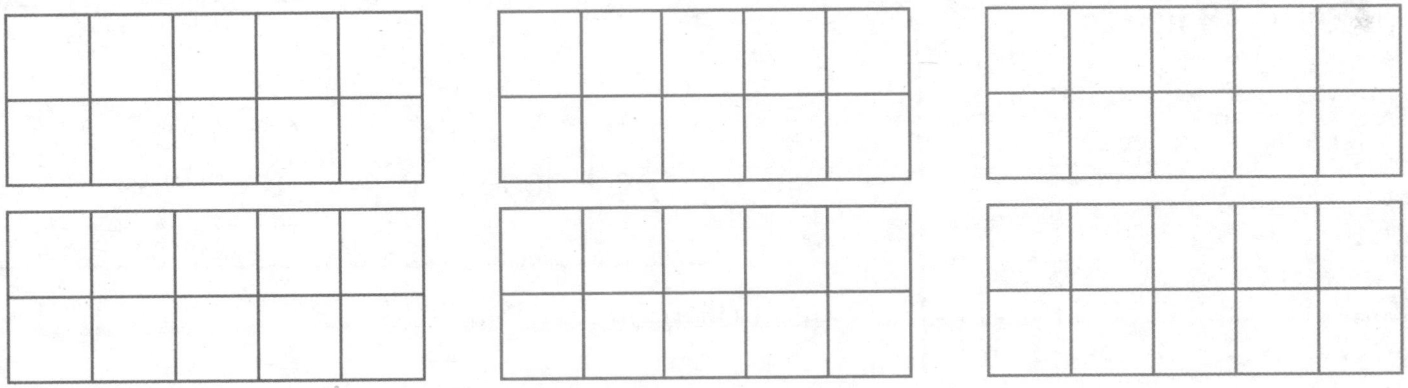

Observa los números 11 al 19 y sus nombres.

11 once	15 quince
12 doce	16 dieciséis
13 trece	17 diecisiete
14 catorce	18 dieciocho
19 diecinueve	

Estos números se forman con un grupo de 10 unidades y algunas unidades sobrantes.

11 es un grupo de 10 y 1 que sobra.

once

Un grupo de 10 se llama 1 **decena**.
Cuenta las **unidades** sobrantes.

17 es una decena y 7 unidades.

diecisiete

19 es 10 y 9.

19 es una decena y 9 unidades.

diecinueve

¡**Convénceme!** ¿Cómo puedes usar marcos de 10 para mostrar 13 fichas?

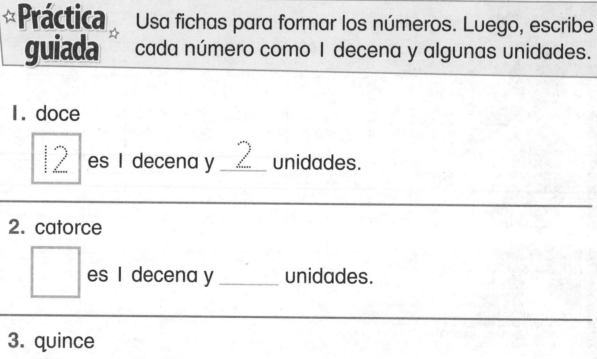

☆ **Práctica guiada** ☆   Usa fichas para formar los números. Luego, escribe cada número como 1 decena y algunas unidades.

1. doce

   | 12 | es 1 decena y __2__ unidades.

2. catorce

   | | es 1 decena y _____ unidades.

3. quince

   | | es 1 decena y _____ unidades.

Tema 8 | Lección 1

Práctica independiente

Usa fichas para formar los números.
Luego, escribe el número o el número en palabras.

4. dieciséis

[ ] es _____ decena y 6 unidades.

5. _____

| 18 | es 1 decena y 8 unidades.

6. trece

| 13 | es 1 decena y _____ unidades.

7. once

[ ] es _____ decena y 1 unidad.

8. _____

| 17 | es 1 decena y 7 unidades.

9. diecinueve

[ ] es 1 decena y 9 unidades.

10. **A-Z Vocabulario** Encierra en un círculo las **decenas** y las **unidades** que forman los siguientes números en palabras.

Doce

| 0 decenas | 1 decena | 2 decenas |
| 1 unidad | 2 unidades | 3 unidades |

Quince

| 0 decenas | 1 decena | 2 decenas |
| 5 unidades | 6 unidades | 2 unidades |

11. Usar herramientas

Lola tiene 14 botones y 2 cajas.
Pone 10 botones en una caja.
¿Cuántos botones pone Lola en la otra caja?
Dibuja fichas y escribe los números.

_____ botones

_____ es _____ decena y _____ unidades.

¿Cómo me ayudan los marcos de 10 a resolver el problema?

12. Razonamiento de orden superior

Escoge un número entre el 11 y el 14. Haz un dibujo para mostrar cómo formas el número usando los marcos de 10. Escribe el número y el número en palabras.

número: _____

número en palabras: _____

13. ☑ **Práctica para la evaluación** Une con líneas los grupos o números de la izquierda con los números en palabras de la derecha.

1 decena y 7 unidades   dieciocho

10 unidades   diez

1 decena y 3 unidades   once

1 decena y 1 unidad   diecisiete

1 decena y 8 unidades   trece

Nombre _____

Resuélvelo y coméntalo

¿En qué se parecen y en qué se diferencian 2 decenas y 20 unidades?

Usa cubos para mostrar tu respuesta. Luego dibuja tus cubos.

También puedo usar razonamientos repetidos.

2 decenas	**20 unidades**

Puedes usar 10 cubos para formar 1 decena.

10 unidades equivalen a 1 decena.

10 cubos

Aquí hay 4 decenas.

Puedo contar 1 decena, 2 decenas, 3 decenas, 4 decenas.

Cuenta de 10 en 10 para hallar cuántos cubos hay.

También puedo contar 10, 20, 30, 40.

Hay 40 cubos en total.

4 decenas y
0 unidades es 40.

¡Convénceme! ¿Cuántas decenas hay en 90? ¿Cómo lo sabes?

Práctica guiada   Usa cubos. Cuenta de 10 en 10 y escribe los números.

1.
3 decenas y 0 unidades es 30.

2.
_____ decenas y _____ unidades es _____.

Herramientas Evaluación

☆ Práctica independiente ☆

Usa cubos. Cuenta de 10 en 10. Dibuja los cubos y escribe los números.

10	**20**	**30**	**40**	**50**	**60**	**70**	**80**	**90**
1 decena	2 decenas	3 decenas	4 decenas	5 decenas	6 decenas	7 decenas	8 decenas	9 decenas
diez	veinte	treinta	cuarenta	cincuenta	sesenta	setenta	ochenta	noventa

3.

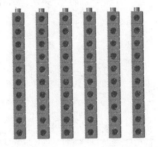

6 decenas y 0 unidades es _____ .

4.

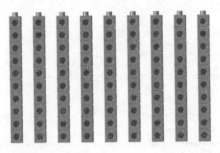

_____ decenas y _____ unidades es 90.

5.

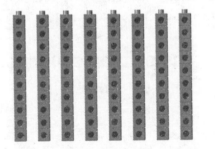

8 decenas y 0 unidades es _____ .

6.

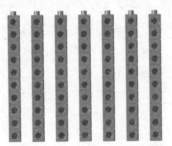

_____ decenas y _____ unidades es 70.

7. Sentido numérico Juan tiene 2 decenas.
Quiere cambiar decenas por unidades.
¿Cuántas unidades obtendrá Juan?

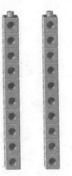

_____ unidades

8. Razonar Hay 2 autobuses.
Hay 10 personas en cada autobús.
¿Cuántas personas van en los dos
autobuses? Cuenta de 10 en 10 y haz
un dibujo para resolver el problema.

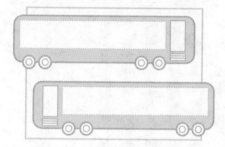

_____ personas

9. Razonar Jorge tiene 3 cajas de plumas.
Hay 10 plumas en cada caja. ¿Cuántas
plumas tiene Jorge?

_____ plumas

10. Razonamiento de orden superior Benito
tiene 1 libro. Lee 10 páginas cada día. Usa
dibujos, números o palabras para mostrar
cuántas páginas lee Benito en 5 días.

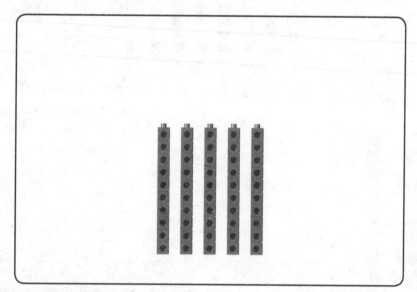

11. ☑ **Práctica para la evaluación**
Dora tiene 4 frascos. Cada frasco
tiene 10 pelotas saltarinas.

¿Cuántas pelotas saltarinas
tiene Dora en total?

4	14	40	50
Ⓐ	Ⓑ	Ⓒ	Ⓓ

Nombre _____

Resuélvelo y coméntalo Nora tiene 34 cubos. ¿Cuántos grupos de 10 puede hacer con estos cubos?

Muestra tu trabajo en el siguiente espacio.

Cuenta 23 cubos.

¿Cuántos grupos de 10 hay? ¿Cuántos cubos sobran?

Puedes formar grupos de 10.

Hay 2 grupos de 10.

Cuenta cuántos cubos sobran.

Hay 3 sobrantes.

23 es __2__ grupos de 10 y __3__ unidades.

Por tanto, 23 son 2 grupos de 10 y 3 sobrantes.

¡Convénceme! ¿Por qué 37 tiene 3 grupos de 10 y no 4 grupos de 10?

☆ Práctica guiada ☆

Encierra en un círculo los grupos de 10 y escribe los números.

1.
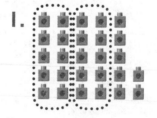

__2__ grupos de 10 y __7__ unidades es __27__.

2.

_____ grupos de 10 y _____ unidades es _____.

Tema 8 | Lección 3

Nombre _____

☆ Práctica independiente

Encierra en un círculo los grupos de 10 y escribe los números.

3.

_____ grupos de 10 y _____ unidades

es _____.

4.

_____ grupos de 10 y _____ unidades

es _____.

5.

_____ grupo de 10 y _____ unidades

es _____.

6.

_____ grupos de 10 y _____ unidades

es _____.

Escribe la cantidad de grupos de 10 y la cantidad de unidades. Luego, escribe el total.

7.

_____ grupos de 10 y _____ unidades

es _____.

8.

_____ grupos de 10 y _____ unidades

es _____.

9. **Representar** Un mono tiene 32 plátanos. Hay 10 plátanos en cada racimo.

¿Cuántos racimos hay? _____

¿Cuántos plátanos sobran? _____

10. **Representar** Los perros tienen 21 huesos. Hay 10 huesos en cada plato.

¿Cuántos platos hay? _____

¿Cuántos huesos sobran? _____

11. **Razonamiento de orden superior**
Ariel escribe un número.
Su número tiene 5 grupos de 10 y menos de 9 unidades sobrantes.

¿Qué número podría haber escrito Ariel?

_____

12. ☑ **Práctica para la evaluación** Una tienda tiene 5 racimos de uvas y 3 uvas sobrantes. Cada racimo tiene 10 uvas. ¿Cuántas uvas hay en total? Explícalo.

_____

_____

Resuélvelo y coméntalo   Estima cuántos cubos hay en la bolsa. Luego, vacía la bolsa en el siguiente espacio. Sin contar los cubos, estima cuántos cubos hay. Escribe cada estimación.

Ahora, cuenta los cubos y escribe la cantidad total de cubos.

Lección 8-4
Decenas y unidades

Puedo...
contar decenas y unidades para hallar un número de dos dígitos.

También puedo razonar sobre las matemáticas.

Estimación 1: _____ cubos

Estimación 2: _____ cubos

Número real:

_____ cubos.

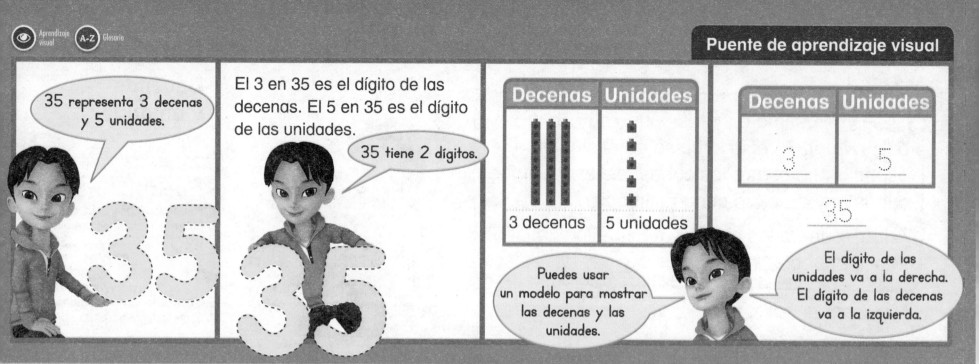

35 representa 3 decenas y 5 unidades.

El 3 en 35 es el dígito de las decenas. El 5 en 35 es el dígito de las unidades.

35 tiene 2 dígitos.

Decenas	Unidades
3 decenas	5 unidades

Decenas	Unidades
3	5

35

Puedes usar un modelo para mostrar las decenas y las unidades.

El dígito de las unidades va a la derecha. El dígito de las decenas va a la izquierda.

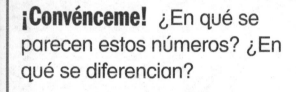

¡Convénceme! ¿En qué se parecen estos números? ¿En qué se diferencian?

46   64

☆ **Práctica guiada** ☆ Usa cubos. Cuenta las decenas y las unidades. Luego, escribe los números.

1.
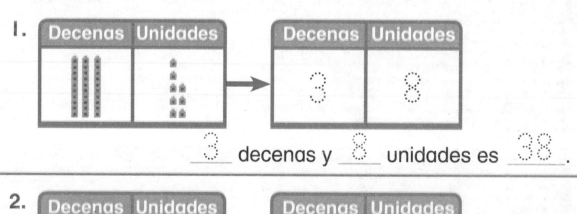

Decenas	Unidades

Decenas	Unidades
3	8

__3__ decenas y __8__ unidades es __38__.

2.
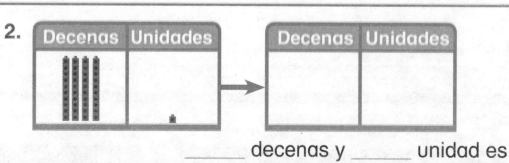

Decenas	Unidades

Decenas	Unidades

_____ decenas y _____ unidad es _____.

Nombre _____

☆ Práctica independiente ☆

Usa cubos. Cuenta las decenas y las unidades y luego escribe los números.

3.

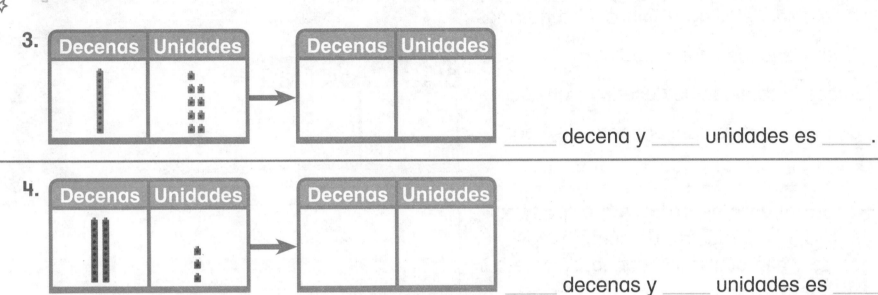

Decenas	Unidades

_____ decena y _____ unidades es _____.

4.

Decenas	Unidades

_____ decenas y _____ unidades es _____.

5.

Decenas	Unidades

_____ decenas y _____ unidades es _____.

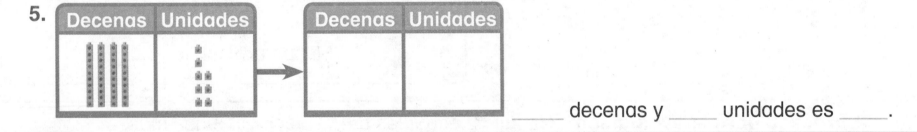

Resuelve el problema de la manera que prefieras.

6. Sentido numérico Raúl tiene un número que tiene la misma cantidad de decenas que de unidades. ¿Cuál podría ser el número de Raúl? _____

¿Qué significan los números 3 y 7?

7. **Razonar** Luz compró jugos para su fiesta. Tiene 3 paquetes de 10 jugos y 7 jugos más.

¿Cuántos jugos tiene en total?

Escribe la cantidad de decenas y unidades.

Luego, escribe la cantidad total de jugos.

Decenas	Unidades

_____ jugos

8. **Razonamiento de orden superior** Haz un dibujo para mostrar un número mayor que 25 y menor que 75. Luego, escribe el número.

Mi número es _____.

9. ☑ **Práctica para la evaluación** Rita trajo 2 paquetes de 10 jugos y 5 jugos más. ¿Cuántos jugos trajo Rita? Escribe la cantidad de decenas y unidades. Luego, escribe la cantidad total de jugos.

Decenas	Unidades

_____ jugos

Nombre _____

Resuélvelo y coméntalo Celina tiene 28 botones. Dibuja sus botones para que un amigo pueda ver que hay 28 botones sin tener que contar uno por uno.

Puedo...
usar dibujos para resolver problemas con decenas y unidades.

También puedo representar con modelos matemáticos.

¿Cuántas decenas y unidades hay en este número?

Puedes dibujar modelos para mostrar la respuesta.

Dibuja las decenas.

Dibujo una línea por cada decena.

Luego dibuja las unidades.

Dibujo un punto por cada unidad.

Puedes contar de 10 en 10 y de 1 en 1 para comprobar tu trabajo.

10, 20, 30, 40... 41, 42, 43, 44, 45.

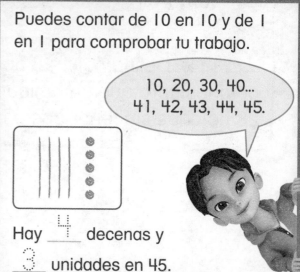

Hay __4__ decenas y __3__ unidades en 45.

¡Convénceme! Cuando dibujas el modelo de un número, ¿qué dígito te indica cuántas líneas debes dibujar? ¿Qué dígito te indica cuántos puntos dibujar?

☆ **Práctica guiada** ☆

Escribe los números y dibuja un modelo para mostrar cada número. Cuenta de 10 en 10 y de 1 en 1 para comprobar tu trabajo.

1. 17 es __1__ decena __7__ unidades.

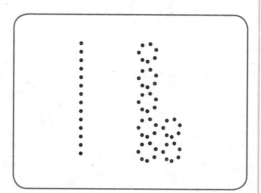

2. 29 es _____ decenas y _____ unidades.

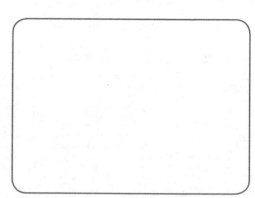

Tema 8 | Lección 5

★ **Práctica** ★
independiente
★

Escribe los números y dibuja un modelo que muestre cada número. Cuenta de 10 en 10 y de 1 en 1 para comprobar tu trabajo.

3. Hay _____ decenas y _____ unidades en 43.

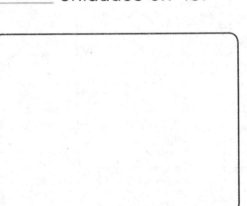

4. Hay _____ decenas y _____ unidades en 86.

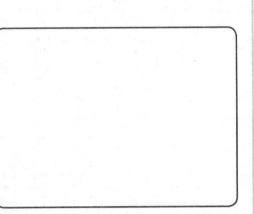

5. Hay _____ decena y _____ unidades en 15.

6. Hay _____ decenas y _____ unidades en 37.

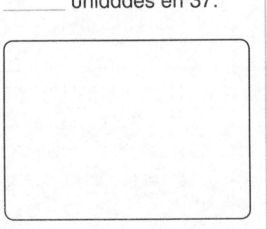

7. Hay _____ decenas y _____ unidades en 62.

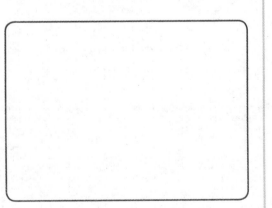

8. Hay _____ decenas y _____ unidades en 24.

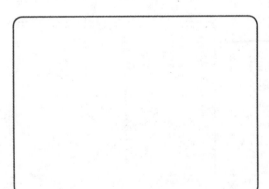

9. Representar Kevin dibujó el siguiente modelo para mostrar un número. ¿Qué número quiere mostrar Kevin?

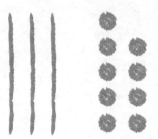

_____

10. enVision® STEM Gilda anotó la cantidad de horas de luz solar que hubo en otoño y en invierno. Gilda anotó los datos de 68 días. Dibuja un modelo que muestre 68.

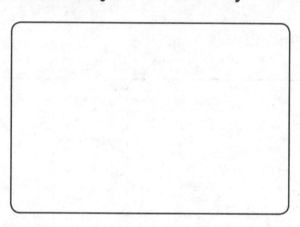

11. Razonamiento de orden superior Pilar empezó a dibujar un modelo para el número 48, pero no lo terminó. Ayúdala a terminar su modelo.

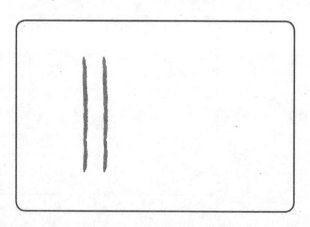

12. ☑ Práctica para la evaluación ¿Qué número se representa aquí?

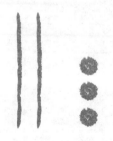

5	11	23	32
Ⓐ	Ⓑ	Ⓒ	Ⓓ

Nombre _____

Resuélvelo y coméntalo Usa cubos. Muestra dos maneras diferentes de formar 28. Dibuja cada manera en los siguientes espacios.

Puedo...

descomponer el mismo número de diferentes maneras.

También puedo razonar sobre las matemáticas.

Manera I

Manera 2

Puedes **descomponer** 43 en decenas y unidades de diferentes maneras.

Decenas	Unidades
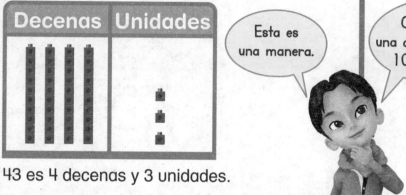	

43 es 4 decenas y 3 unidades.

Esta es una manera.

O descompone una decena para hacer 10 unidades más.

Decenas	Unidades

43 es 3 decenas y 13 unidades.

¡Ambas maneras muestran el mismo número! ¡Usa cubos para mostrar otra manera!

¡Convénceme! ¿Cómo puedes descomponer 24 usando solo 1 decena? Explícalo.

Práctica guiada Cuenta las decenas y las unidades. Escribe diferentes maneras de mostrar el número.

1. Escribe dos maneras de descomponer 34.

Decenas	Unidades
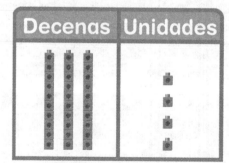	

34 es ___3___ decenas y

___4___ unidades.

Decenas	Unidades
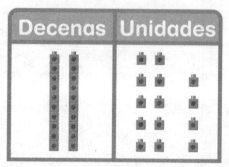	

34 es ___2___ decenas y

_____ unidades.

☆ **Práctica independiente** ☆ Cuenta las decenas y las unidades. Escribe diferentes maneras de mostrar el número.

2. Escribe dos maneras de descomponer 21.

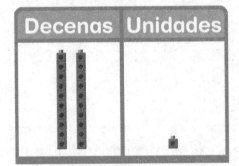

21 es _____ decenas y _____ unidad.

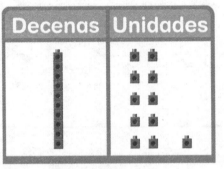

21 es _____ decena y _____ unidades.

3. Dibuja modelos y escribe dos maneras de descomponer 59.

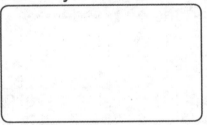

59 es _____ decenas y _____ unidades.

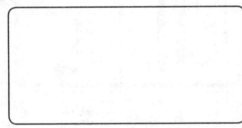

59 es _____ decenas y _____ unidades.

Escribe cada número de dos maneras diferentes. Usa cubos como ayuda si es necesario.

4. Muestra dos maneras de descomponer 44.

44 es _____ decenas y _____ unidades.

44 es _____ decenas y _____ unidades.

5. Muestra dos maneras de descomponer 25.

25 es _____ decenas y _____ unidades.

25 es _____ decena y _____ unidades.

6. Explícalo Nate dice que 5 decenas y 3 unidades muestran el mismo número que 3 decenas y 13 unidades. ¿Estás de acuerdo? Explícalo.

_____

_____

_____

7. Sentido numérico Nancy muestra un número como 4 decenas y 16 unidades. ¿Qué número muestra?

_____

8. ¿Qué número se muestra en la tabla?

Decenas	Unidades

_____

9. Jeff recoge 36 manzanas y pone algunas en bolsas. Cada bolsa contiene 10 manzanas. Muestra dos maneras que tiene de poner las manzanas en bolsas.

10 manzanas

_____ bolsas y _____ manzanas sobrantes

_____ bolsas y _____ manzanas sobrantes

10. Pensamiento de orden superior Meg descompone el número 80 de tres maneras. ¿Cuáles podrían ser esas maneras?

_____ decenas y _____ unidades

_____ decenas y _____ unidades

_____ decenas y _____ unidades

11. ☑ **Práctica para la evaluación** ¿Cuál es una manera de descomponer 38? Escoge dos que apliquen.

☐ 2 decenas y 18 unidades

☐ 2 decenas y 8 unidades

☐ 1 decena y 28 unidades

☐ 8 decenas y 3 unidades

Nombre _____

Resolución de problemas

Lección 8-7
Buscar y usar la estructura

Puedo...
usar los patrones y la estructura para resolver problemas.

También puedo formar números de diferentes maneras.

Resuélvelo y coméntalo Barry representó el número 42 con cubos. ¿De qué maneras podría haber representado 42?

Escribe las decenas y unidades que podría haber usado. Describe cualquier patrón que veas en la tabla.

Decenas	Unidades

Hábitos de razonamiento

¿Hay algún patrón en las respuestas?

¿En qué me ayuda el patrón?

¿Qué tienen en común las respuestas?

¿De cuántas maneras puedes mostrar el número 38 con decenas y unidades?

¿Hay algún patrón?

Puedo hacer una lista de las diferentes maneras. Luego, puedo buscar los patrones en mi lista.

Decenas	Unidades

Todas las respuestas muestran maneras de formar 38 con decenas y unidades.

Decenas	Unidades
3	8
2	18
1	28
0	38

Busca un patrón. ¿En qué te ayuda el patrón?

Veo un patrón en la tabla. Mientras la cantidad de decenas disminuye en 1, la cantidad de unidades aumenta en 10. Esto me ayuda a comprobar mis respuestas.

¡Convénceme! ¿Cómo puedes usar patrones para mostrar todas las maneras en las que puedes descomponer un número en decenas y unidades?

☆ **Práctica guiada** ☆ Haz una lista para resolver el problema. Puedes usar cubos como ayuda. Habla con un compañero sobre los patrones que ves en tu lista.

1. Carla hace una lista de todas las maneras de mostrar 25 con decenas y unidades. ¿Qué maneras anota Carla en su lista?

Decenas	Unidades
2	5

2. Andy quiere mostrar 31 con decenas y unidades. ¿Cuáles son todas las maneras de mostrarlo?

Decenas	Unidades

☆ **Práctica** ☆ Haz una lista para resolver el problema.
independiente Puedes usar cubos como ayuda.
☆

3. Alma hace una lista de todas las maneras
   de mostrar 46 con decenas y unidades.
   ¿Qué maneras anota Alma en su lista?

Decenas	Unidades

4. Sergio quiere mostrar 33 con decenas y
   unidades. ¿Cuáles son todas las maneras
   de mostrarlo?

Decenas	Unidades

5. **Razonamiento de orden superior** Diana
   dice que hay 4 maneras de mostrar 25 con
   decenas y unidades. ¿Tiene razón? ¿Cómo
   lo sabes?

   _____

   _____

   _____

   _____

Haz una lista
para ayudarte.

Venta de panadería Rosa lleva 48 pastelitos a una venta de pasteles. Solo usa bandejas para grupos de 10 pastelitos.

Cada plato tiene solo 1 pastelito.

¿Cuántas bandejas y platos puede usar Rosa para mostrar sus pastelitos?

Bandejas	Platos

6. **Buscar patrones** Completa la tabla para indicar cuántas bandejas y platos puede usar Rosa para mostrar sus pastelitos. Describe un patrón que veas en la tabla.

_____

_____

_____

_____

_____

7. **Razonar** ¿Hay alguna manera en la que Rosa pueda mostrar sus pastelitos usando solo bandejas? Explica cómo lo sabes.

_____

_____

_____

_____

_____

Apunta y cuenta

Trabaja con un compañero. Necesitan papel y lápiz. Cada uno escoge un color diferente: celeste o azul.

El compañero 1 y el compañero 2 apuntan a uno de los números negros al mismo tiempo. Ambos suman esos números.

Si la respuesta está en el color que escogiste, puedes anotar una marca de conteo. Sigan la actividad hasta que uno de los compañeros tenga doce marcas de conteo.

Puedo...
sumar y restar hasta el 10.

También puedo construir argumentos matemáticos.

Compañero 1							Compañero 2
5	7	6	10	9	8	1	4
4							3
1							5
3	2	3	0	4	3	5	1
2							3
1							2

Marcas de conteo del compañero 1	Marcas de conteo del compañero 2

Repaso del vocabulario

Glosario

Lista de palabras
- decenas
- descomponer
- menos
- más
- unidades

Comprender el vocabulario

1. Escribe el número en palabras que es 1 más que catorce.

_____

2. Escribe el número en palabras que es 1 menos que dieciocho.

_____

3. Encierra en un círculo los cubos que formen 2 decenas.

4. Encierra en un círculo los cubos que formen 1 decena y 5 unidades.

5. Encierra en un círculo los cubos que formen 3 decenas y 3 unidades.

Usar el vocabulario al escribir

6. Ben muestra 33 con 3 decenas y 3 unidades. Muestra 33 de una manera diferente. Usa decenas y unidades. Explícalo usando una palabra de la Lista de palabras.

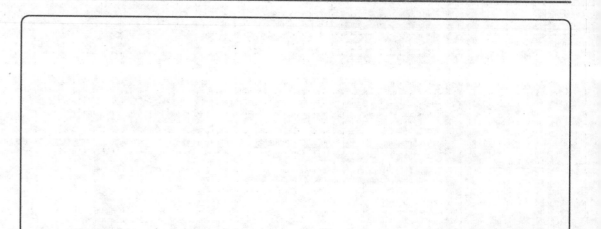

Nombre _____

Grupo A

Puedes agrupar objetos de 10 en 10 para contarlos.

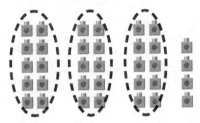

<u>34</u> es <u>3</u> grupos de 10

y <u>4</u> unidades sobrantes.

Encierra en un círculo grupos de 10 y escribe los números.

1. 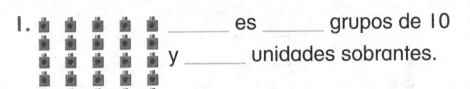 _____ es _____ grupos de 10

   y _____ unidades sobrantes.

2.  _____ es _____ grupo de 10

   y _____ unidades sobrantes.

Grupo B

Puedes mostrar un número de dos dígitos con decenas y unidades.

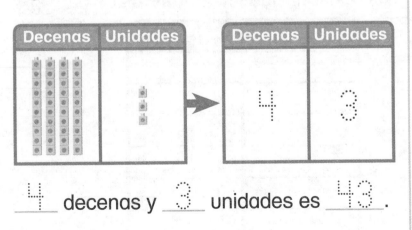

Decenas	Unidades

→

Decenas	Unidades
4	3

<u>4</u> decenas y <u>3</u> unidades es <u>43</u>.

Cuenta las decenas y las unidades y escribe los números.

3.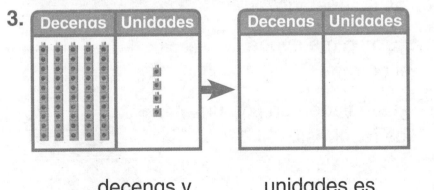

Decenas	Unidades

→

Decenas	Unidades

_____ decenas y _____ unidades es _____.

Puedes dibujar un modelo para mostrar las decenas y unidades.

Hay _3_ decenas y _6_ unidades en 36.

Dibuja un modelo para mostrar las decenas y unidades.

4. Hay _____ decenas y _____ unidades en 78.

Hábitos de razonamiento

Buscar y usar la estructura

¿Hay algún patrón en las respuestas?

¿Cómo me ayuda el patrón?

¿Qué tienen en común las respuestas?

Usa patrones y haz una lista para resolver el problema.

5. Lupita quiere mostrar todas las maneras de descomponer 54 con decenas y unidades. ¿Cuáles son todas las maneras?

54

Decenas	Unidades
5	

Práctica para la evaluación

1. **A.** ¿Cuál de estas opciones es una manera de mostrar 16?

Ⓐ 1 decena y 11 unidades

Ⓑ 1 decena y 6 unidades

Ⓒ 16 decenas y 0 unidades

Ⓓ 9 decenas y 5 unidades

B. ¿Cuál de las siguientes ecuaciones muestra por qué tu respuesta para **A** es correcta?

Ⓐ $10 + 11 = 21$ Ⓒ $10 + 6 = 16$

Ⓑ $16 + 2 = 18$ Ⓓ $9 + 5 = 14$

2. **A.** Escribe una manera de mostrar 42.

_____ grupos de diez y _____ unidades

B. Escribe otra manera de mostrar 42.

_____ grupos de diez y _____ unidades

3. Cuenta las decenas y las unidades y escribe los números.

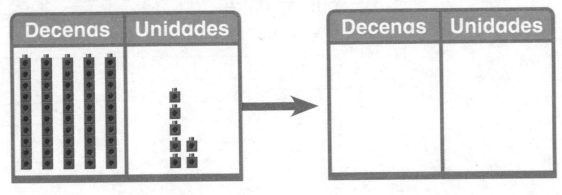

_____ decenas y _____ unidades es _____

4. Escribe dos maneras de mostrar 11.

5. A. ¿Qué número representan 5 grupos de diez?

_____

B. ¿Cuál es otra manera de escribir 5 grupos de diez?

_____ grupos de diez y _____ unidades

6. A. ¿Cuál de estas opciones es otra manera de mostrar 4 grupos de diez y 9 unidades?

Ⓐ 3 decenas y 19 unidades

Ⓑ 5 decenas y 0 unidades

Ⓒ 3 decenas y 9 unidades

Ⓓ 5 decenas y 8 unidades

B. ¿Qué número es 4 grupos de diez y 9 unidades?

_____

7. Nati encontró 2 maneras de formar 41. Completa la lista para mostrar todas las maneras que hay. Luego, dibuja un modelo que muestre 1 de las maneras.

Decenas	Unidades
4	1
2	21

Nombre _____

La hora de los bocaditos

En la clase de Manuel comen bocaditos todos los días.

1. El lunes, Manuel y Roy compartieron 19 galletas saladas. 10 galletas estaban en una bolsa. ¿Cuántas galletas había en la otra bolsa?

Dibuja fichas para resolverlo. Escribe el número en palabras y los números.

_____ galletas saladas

_____ es _____ decena y

_____ unidades.

2. El martes, la clase de Manuel se tomó 3 paquetes de jugos. Cada paquete tenía 10 jugos.

¿Cuántos jugos se tomaron en la clase de Manuel?

_____ jugos

Explica tu respuesta. Usa dibujos, números o palabras.

3. El miércoles, la clase de Manuel se tomó 28 botellas de agua.

Manuel empezó a dibujar un modelo para mostrar las botellas. Usa líneas y puntos para terminar el dibujo.

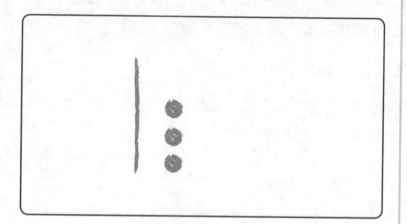

Explica lo que muestra el dibujo.

_____

_____

_____

_____

_____

4. El jueves, la clase de Manuel se comió 34 paquetes de pasitas. ¿De cuántas maneras se pueden agrupar los paquetes en decenas y unidades? Haz una lista que muestre todas las maneras.

Decenas	Unidades

_____ maneras

5. El viernes, la clase de Manuel se comió 26 bolsas de uvas. Manuel dijo que hay 2 maneras de agrupar 26 bolsas en decenas y unidades.

¿Estás de acuerdo? Encierra en un círculo

Sí o **No.**

Explica tu respuesta usando números, dibujos o palabras.

TEMA 9 — Comparar números de dos dígitos

Pregunta esencial: ¿De qué maneras puedes comparar los números hasta 120?

Libro del estudiante · Aprendizaje visual · Práctica

Evaluación · Herramientas · Glosario

La luz cambia cuando se refleja en diferentes objetos.

Cuando la luz pasa a través de un vitral, adquiere el mismo color que el vidrio por el que se filtra.

¡Qué interesante! Hagamos este proyecto para aprender más.

Proyecto de :enVision· STEM: La luz y los objetos

Investigar Habla con tu familia y tus amigos sobre la luz. Conversen sobre los cambios que sufre la luz al reflejarse en diferentes objetos.

Diario: Hacer un libro Muestra lo que encontraste. En tu libro, también:

- haz dibujos que muestren la luz reflejándose en objetos que son transparentes y que no son transparentes.

- inventa y resuelve cuentos numéricos sobre la luz y los objetos.

Nombre _____

Repasa lo que sabes

Vocabulario

1. Encierra en un círculo el grupo de cubos que tiene **más**.

2. Encierra en un círculo el grupo de cubos que tiene **menos**.

3. ¿Cuántas **decenas** hay en este número?

   50

   _____ decenas

Rectas numéricas

4. Usa la recta numérica para contar de 10 en 10. Escribe los números que faltan.

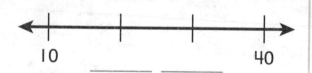

10   40
_____ _____

5. Pat ve 5 insectos y Erin ve 6. ¿Cuántos insectos ven en total?

   Usa la recta numérica para contar.

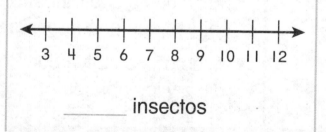

3 4 5 6 7 8 9 10 11 12

_____ insectos

Tabla de 100

6. Usa esta parte de la tabla de 100 para contar.

11	12	13	14	15	16	17	18	19	20
21	22	23	24	25	26	27	28	29	30
31	32	33	34	35	36	37	38	39	40

18, 19, _____, _____, _____

Nombre _____

PROYECTO 9A

¿Qué tanto calor puede hacer?

Proyecto: Crea un dibujo de temperatura

PROYECTO 9B

¿De dónde vienen?

Proyecto: Haz un modelo comparativo de aves playeras

PROYECTO 9C

¿Cómo se hizo?

Proyecto: Haz una pintura usando una esponja

Antes de ver el video, piensa:

¿Jugaste alguna vez un juego de cartas? ¿Cuáles eran las reglas? ¿Cómo se ganó el juego?

Puedo...

representar con modelos matemáticos para resolver un problema que incluye comparar números de dos dígitos.

Resuélvelo y coméntalo

Sarah tiene 12 canicas.
Chris tiene una canica más que Sarah.
Lucía tiene 10 canicas más que Sarah.
¿Cuántas canicas tiene Chris?
¿Cuántas canicas tiene Lucía?
Muestra cómo lo sabes.

Lección 9-1

1 más, 1 menos;
10 más, 10 menos

Puedo...

hallar números que sean mayores
o menores que un número dado.

También puedo usar
herramientas matemáticas
correctamente.

Piensa en descomponer
los números en decenas
y unidades.

Muestra 1 más.

1 más que 25 es 26.

25   26

Muestra 1 **menos**.

1 menos que 25 es 24.

25   24

Muestra 10 más.

10 más que 25 es 35.

25   35

Muestra 10 menos.

10 menos que 25 es 15.

25   15

¡Convénceme! ¿Cómo puedes hallar 10 más que un número? Explícalo.

☆ **Práctica guiada** ☆ Usa bloques de valor de posición para mostrar los números y como ayuda para completar las oraciones.

1. **45**

1 más que 45 es __46__.

1 menos que 45 es __44__.

10 más que 45 es __55__.

10 menos que 45 es __35__.

2. **17**

1 más que 17 es _____.

1 menos que 17 es _____.

10 más que 17 es _____.

10 menos que 17 es _____.

Tema 9 | Lección 1

Nombre _____

Práctica independiente Usa bloques de valor de posición para mostrar los números y como ayuda para completar las oraciones.

3. | 11 |

1 más que 11 es _____.

1 menos que 11 es _____.

10 más que 11 es _____.

10 menos que 11 es _____.

4. | 40 |

1 más que 40 es _____.

1 menos que 40 es _____.

10 más que 40 es _____.

10 menos que 40 es _____.

5. | 81 |

1 más que 81 es _____.

1 menos que 81 es _____.

10 más que 81 es _____.

10 menos que 81 es _____.

6. | 19 |

1 más que 19 es _____.

1 menos que 19 es _____.

10 más que 19 es _____.

10 menos que 19 es _____.

7. | 65 |

1 más que 65 es _____.

1 menos que 65 es _____.

10 más que 65 es _____.

10 menos que 65 es _____.

8. | 43 |

1 más que 43 es _____.

1 menos que 43 es _____.

10 más que 43 es _____.

10 menos que 43 es _____.

9. **Razonamiento de orden superior** Encierra en un círculo el dibujo que muestra 10 más que 24. Explica cómo lo sabes.

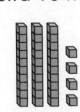

10. Generalizar Sofía quiere decirles a sus amigos cómo hallar el número que es 10 más que un número. ¿Qué instrucciones debería escribir?

_____

_____

_____

_____

11. Sentido numérico Escribe los números que faltan. Usa bloques de valor de posición como ayuda.

10 menos

_____

1 menos — **73** — 1 más

_____

10 más

12. Razonamiento de orden superior
Escribe y resuelve una adivinanza para un número mayor que 40 y menor que 60. Usa como pistas "1 más que" y "1 menos que" o "10 más que" y "10 menos que".

Pistas: _____

_____

_____

Mi número es _____.

13. ☑ Práctica para la evaluación Une con una línea cada número con su descripción.

22	10 más que 23
9	1 menos que 18
17	1 más que 21
33	10 menos que 19
45	10 más que 35

Resuélvelo y coméntalo ¿Cómo te puede ayudar una tabla de 100 para hallar 1 más que 36? ¿Y para hallar 1 menos, 10 más y 10 menos que 36? Escribe los números.

Puedo...
usar una tabla de 100 para hallar 1 más, 1 menos, 10 más y 10 menos.

También puedo buscar patrones.

21	22	23	24	25	26	27	28	29	30
31	32	33	34	35	(36)	37	38	39	40
41	42	43	44	45	46	47	48	49	50
51	52	53	54	55	56	57	58	59	60

1 más que 36 es _____.   10 más que 36 es _____.

1 menos que 36 es _____.   10 menos que 36 es _____.

35	36	37	38	39
45	46	**47**	48	49
55	56	57	58	59

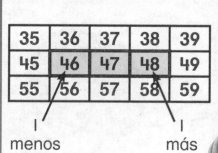

Un tabla de 100 te puede ayudar a hallar el número que es 1 más, 1 menos, 10 más o 10 menos.

35	36	37	38	39
45	46	47	48	49
55	56	57	58	59

1 menos   1 más

1 más que 47 es 48. 1 menos que 47 es 46.

10 menos

35	36	37	38	39
45	46	47	48	49
55	56	57	58	59

10 más

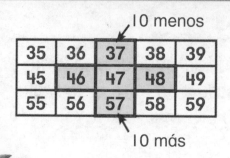

10 más que 47 es 57. 10 menos que 47 es 37.

37

Puedes usar los bloques de valor de posición para comprobar cómo cambian los números.

¡Convénceme! ¿Cómo podrías usar una tabla de 100 para hallar el número que es 10 más que 86? ¿Cuál es ese número?

Práctica guiada

Completa esta parte de la tabla de 100. Usa bloques de valor de posición si es necesario.

1.

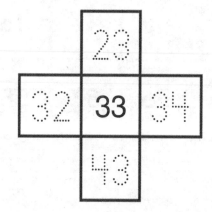

	23	
32	**33**	34
	43	

2.

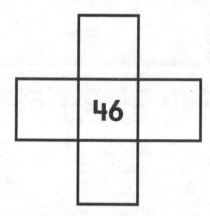

	46	

Nombre _____

☆ **Práctica independiente** ☆ Usa una tabla de 100 para completar las oraciones.
Usa bloques de valor de posición si es necesario.

3. 1 más que 37 es _____.

1 menos que 37 es _____.

10 más que 37 es _____.

10 menos que 37 es _____.

4. 1 más que 22 es _____.

1 menos que 22 es _____.

10 más que 22 es _____.

10 menos que 22 es _____.

5. 1 más que 54 es _____.

1 menos que 54 es _____.

10 más que 54 es _____.

10 menos que 54 es _____.

6. 1 más que 78 es _____.

1 menos que 78 es _____.

10 más que 78 es _____.

10 menos que 78 es _____.

7. 1 más que 82 es _____.

1 menos que 82 es _____.

10 más que 82 es _____.

10 menos que 82 es _____.

8. 1 más que 16 es _____.

1 menos que 16 es _____.

10 más que 16 es _____.

10 menos que 16 es _____.

Álgebra Usa una tabla de 100 para hallar el número de cada estudiante.

9. El número de Alex es 27. El número de Kendra es 1 menos que el número de Alex. El número de Devon es 10 más que el número de Kendra. Completa las ecuaciones para hallar el número de cada niño.

_____ + 1 = _____   Alex | 27 |

_____ − 1 = _____   Kendra | |

_____ + 10 = _____   Devon | |

10. **Buscar patrones** Usa las pistas para hallar el número de canicas que hay dentro de cada bolsa. Escribe el número.

Ben tiene 1 canica más que 54.

Ana tiene 10 canicas más que Ben.

Tony tiene 1 canica menos que Ana.

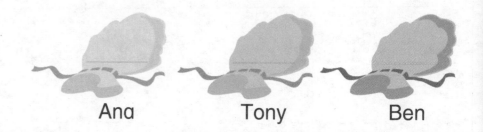

Ana   Tony   Ben

---

11. **Razonamiento de orden superior**
Escribe una pista que un compañero pueda usar para hallar cuántas canicas hay en una bolsa. Luego, da la respuesta usando tu pista.

_____

_____

_____

12. ☑ **Práctica para la evaluación**

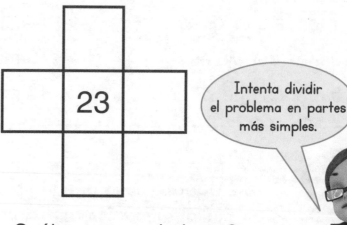

23

Intenta dividir el problema en partes más simples.

¿Cuáles son verdaderas?
Escoge dos.

☐ 10 más que 23 es 32.

☐ 1 más que 23 es 24.

☐ 10 menos que 23 es 13.

☐ 1 menos que 23 es 20.

   Tema 9 | Lección 2

Nombre _____

Resuélvelo y coméntalo

¿Cómo te ayudan los bloques de valor de posición a decidir qué número es más grande?

Encierra en un círculo el número más grande.

Puedo...

usar bloques de valor de posición para comparar dos números de 2 dígitos.

También puedo hacer mi trabajo con precisión.

¿Cuál es mayor?
Compara los números.

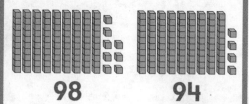

98   **94**

Primero, compara las decenas. Ambos tienen 9 decenas. Compara las unidades.

es **mayor que (>)**

98   **94**.

es **menor que (<)**

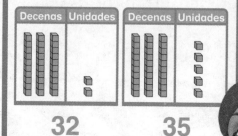

8 unidades es mayor que 4 unidades. Por tanto, 98 es mayor que 94.

Ahora compara estos números.

Decenas	Unidades		Decenas	Unidades

32   **35**

Primero, compara las decenas. Ambos tienen 3 decenas. Compara las unidades.

es mayor que

32 .... **35**.

es menor que

2 unidades es menor que 5 unidades. Por tanto, 32 es menor que 35.

¡Convénceme! ¿Qué número es mayor: 38 o 26? ¿Cómo lo sabes?

☆ **Práctica guiada** ☆

Escribe un número que represente cada modelo. Luego, encierra en un círculo **es mayor que** o **es menor que**.

1.
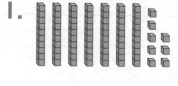

es mayor que
es menor que

78   53.

2.

es mayor que
es menor que

_____   _____.

☆ **Práctica** ☆
independiente

Escribe un número que represente cada modelo.
Luego, encierra en un círculo **es mayor que** o **es menor que**.

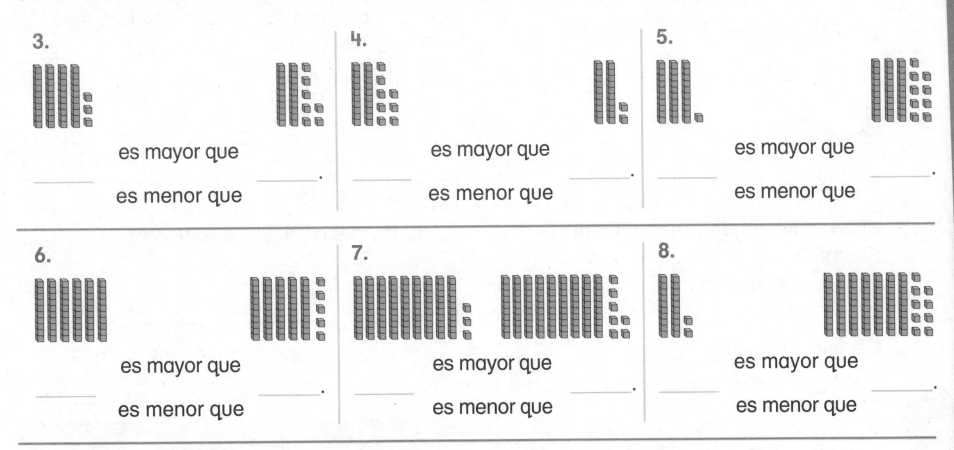

3.

_____   es mayor que

_____   es menor que _____ .

4.

_____   es mayor que

_____   es menor que _____ .

5.

_____   es mayor que

_____   es menor que _____ .

6.

_____   es mayor que

_____   es menor que _____ .

7.

_____   es mayor que

_____   es menor que _____ .

8.

_____   es mayor que

_____   es menor que _____ .

9. Sentido numérico Laura contó 36 estrellas. Andy contó 7 estrellas más que Laura.
Escribe el número de estrellas que Andy contó y luego completa la oración.

_____ estrellas

_____ es menor que _____ .

10. **Entender** Ming ve 28 niñas en el parque. Ve 32 niños en el parque.

¿Ve Ming más niñas o más niños?

Ming ve más _____.

_____ es menor que _____.

11. **Entender** Julio contó 81 monedas de 1¢ y 76 monedas de 10¢.

¿Contó Julio más monedas de 1¢ o más monedas de 10¢?

Julio contó más _____.

_____ es mayor que _____.

12. **Razonamiento de orden superior**
Escoge 2 números entre 40 y 99. Escribe una oración que compare los números.

Mis números son _____ y _____.

Puedo hacer un dibujo para comparar un número con decenas y unidades.

13. ☑ **Práctica para la evaluación**
Ana tiene 46 caracoles y Ben tiene 43 caracoles.

Compara los números. Encierra en un círculo **es mayor que** o **es menor que**.

es mayor que

es menor que

Nombre _____

Resuélvelo y coméntalo Escribe un número de dos dígitos dentro de la televisión. Escribe otro número de dos dígitos dentro de la radio. Luego, escribe los números y encierra en un círculo las palabras que completen la oración que sigue. Explica cómo lo sabes.

Puedo...
comparar dos números usando mayor que, menor que o igual a.

También puedo hacer mi trabajo con precisión.

es mayor que

_____ _____.

es menor que

Puedes usar bloques para comparar 24 y 42. Compara las decenas primero.

24 es menor que 42.

24 $<$ 42

24 tiene menos decenas que 42.

Puedes hablar del 24 y el 42 de diferentes maneras.

42 es mayor que 24.

42 $>$ 24

42 tiene más decenas que 24.

Ahora mira el 35 y el 38. Compara las unidades cuando las decenas sean iguales.

35 es menor que 38.

35 $<$ 38

35 tiene menos unidades.

Algunas veces los números son iguales.

26 es igual a 26.

26 $=$ 26

Las decenas son las mismas. Las unidades son las mismas.

¡Convénceme! ¿Cómo sabes que 48 es mayor que 40?

☆Práctica guiada☆ Completa las oraciones. Escribe **mayor que**, **menor que** o **igual a**. Luego, escribe $>$, $<$ o $=$.

1.
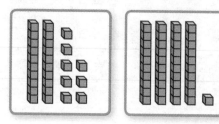

28 es <u>menor que</u> 41.

28 $<$ 41

2.
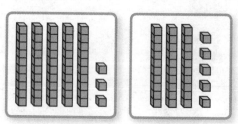

53 es _____ 35.

53 ◯ 35

Completa las oraciones. Escribe **mayor que**, **menor que** o **igual a**. Luego, escribe >, < o =.

3.

19 es _____ 19.

19 ◯ 19

4.

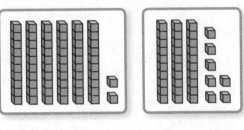

62 es _____ 37.

62 ◯ 37

5.

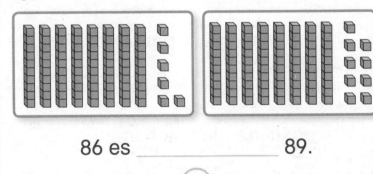

86 es _____ 89.

86 ◯ 89

6. 34 ◯ 43

7. 95 ◯ 90

8. 74 ◯ 74

Razonamiento de orden superior Escoge 2 tarjetas numéricas para cada problema. Compara los números. Escribe >, < o = dentro del círculo. Usa cada tarjeta numérica una vez.

| 19 | 99 | 42 | 72 | 56 | 19 |

9. ____ ◯ ____

10. ____ ◯ ____

11. ____ ◯ ____

12. **Hacerlo con precisión** Mary tiene 21 moños rojos y 12 amarillos.
¿Tiene Mary más moños rojos que amarillos?

Escribe >, < o = para comparar los números.

21 ◯ 12

Mary tiene más moños _____.

13.  **Vocabulario** Escribe una oración usando **mayor que (>)**.

14. **Razonamiento de orden superior** Escribe un cuento que compare 2 números. Luego, completa la oración para comparar los números.

_____

_____

_____

_____

____ ◯ ____

15. ☑ **Práctica para la evaluación** Joel tiene 92 calcomanías y Beto 97.

¿Qué oraciones comparan correctamente las calcomanías de Joel y Beto? Selecciona todas las que apliquen.

☐ 92 = 97

☐ 97 > 92

☐ 92 > 97

☐ 92 < 97

Nombre _____

Resuélvelo y coméntalo

Nick saltó a la cuerda 24 veces. Mira la siguiente recta numérica. Halla un número que sea mayor que 24 y otro que sea menor que 24. Escribe los números en la recta numérica y explica cómo lo sabes.

Puedo...
comparar y escribir números de dos dígitos que son mayores o menores que otros números de dos dígitos.

También puedo usar herramientas matemáticas correctamente.

24

_____ es mayor que 24.

_____ es menor que 24.

Puedes usar la recta numérica para comparar números. Halla un número que sea menor que 55.

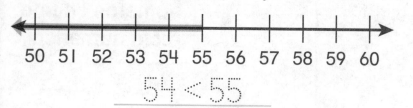

$$54 < 55$$

Halla un número que sea mayor que 55.

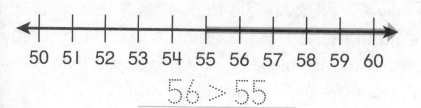

$$56 > 55$$

En una recta numérica, los números de la izquierda son menores. 50, 51, 52, 53 y 54 son menores que 55.

En una recta numérica, los números de la derecha son mayores. 56, 57, 58, 59 y 60 son mayores que 55.

¡Convénceme! Cuando usas una recta numérica, ¿cómo sabes si 70 es mayor o menor que 53?

☆ **Práctica guiada** ☆ Escribe un número que haga correcta cada comparación. Usa la recta numérica como ayuda si es necesario.

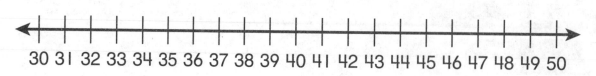

1. ___31___ < 32

2. 40 > _____

3. 35 > _____

4. _____ < 37

5. _____ < 40

6. 50 > _____

7. _____ < 26

8. 75 > _____

9. 33 > _____

10. _____ < 95

11. _____ > 50

12. 90 < _____

13. 39 ◯ 48

14. 47 ◯ 35

15. 29 ◯ 72

Razonamiento de orden superior Escribe los números que hagan correcta cada comparación. Pon los números en la recta numérica.

16. _____ > 70 > _____

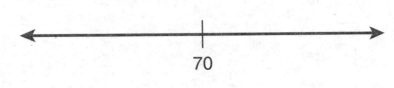

70

17. _____ < 64 < _____

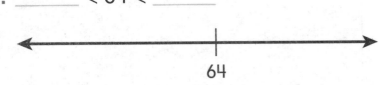

64

18. 3 amigos escribieron un número en una hoja. Pablo escribió un número que es mayor que el número de Nadia y menor que el número de Tina. El número de Nadia es 42. El número de Tina es 44.

¿Cuál es el número de Pablo? _____

19. **enVision® STEM** Javier cubre unas ventanas con cartón para bloquear la luz. Cubrió menos de 28 y más de 26 ventanas. ¿Cuántas ventanas cubrió Javier?

_____ ventanas

20. **Razonamiento de orden superior** ¿Cómo puedes hallar un número mayor que 90? Explícalo.

Puedes usar una recta numérica o hacer un dibujo como ayuda.

21. ☑ **Práctica para la evaluación** El número en el buzón de Toño **es menor que** (<) 70. ¿Qué números podría haber en el buzón de Toño? Escoge dos.

☐ 60

☐ 69

☐ 70

☐ 71

Nombre ____________________

Resuélvelo y coméntalo Estoy pensando en un número secreto.
El número es mayor que 20 y menor que 30.
El número está dentro de una figura de 4 lados.
¿Cuál es el número secreto?
¿Qué estrategia usaste para encontrarlo?

25
31
22
56
6
41
19
27
14
38

El número secreto es _____.

Resolución de problemas

Lección 9-6

Entender y perseverar

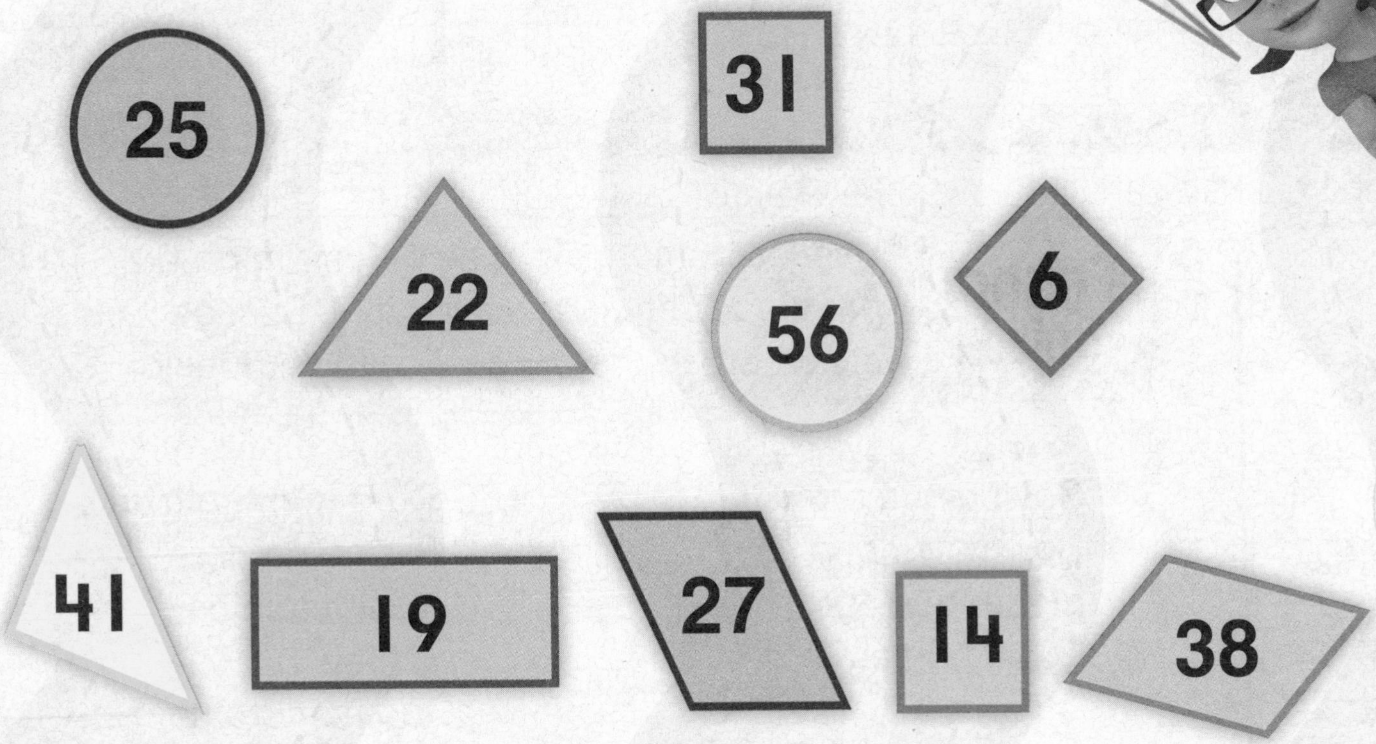

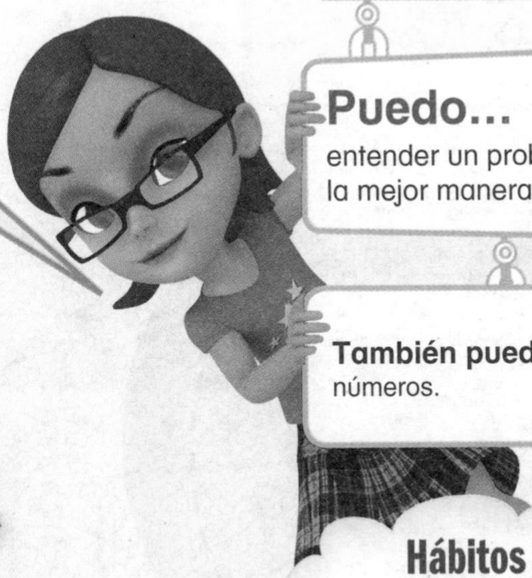

Puedo...
entender un problema y buscar la mejor manera de resolverlo.

También puedo comparar números.

Hábitos de razonamiento

¿Qué me piden que halle?

¿Cuál es un buen plan para resolver el problema?

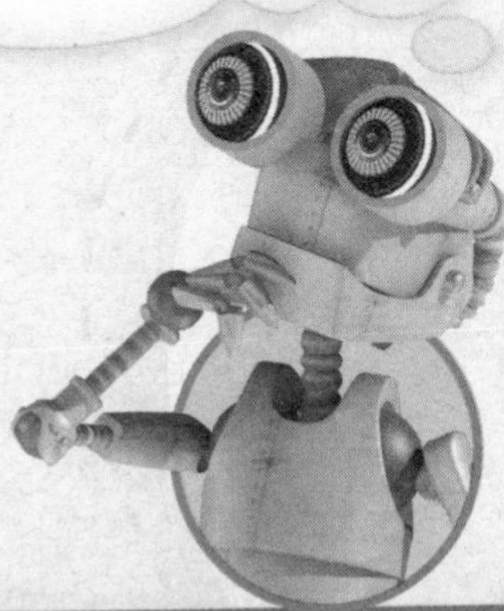

Aprendizaje visual A-Z Glosario

Puente de aprendizaje visual

Carlos tiene un número secreto. Su número es mayor que 40 y menor que 50. Su número es rojo. ¿Cuál es el número secreto de Carlos?

29 50 22 46 24
45 41 58 57

¿Qué puedes hacer para entender el problema?

Puedo ver lo que ya sé en el problema y lo que me están pidiendo que haga.

Mi estrategia es hacer una lista de números y usar las pistas que me dieron.

Lista de números

41
45
46

Mira la segunda pista y los números de la lista.

La segunda pista dice que el número es rojo.

Por tanto, 46 es el único número que cumple con las dos pistas.

Lista de números

~~41~~
~~45~~
(46)

¡Convénceme! ¿De qué manera te ayuda hacer una lista para entender el problema?

Práctica guiada

Usa los números que se muestran arriba para resolver cada adivinanza. Escribe el número secreto y explica tu respuesta.

1. Soy un número verde. Soy mayor que 45 y menor que 60. ¿Qué número soy?

   57

2. Soy un número azul. Dices mi nombre cuando cuentas de 10 en 10. ¿Qué número soy?

   ___

386 trescientos ochenta y seis

☆ **Práctica** ☆
independiente
☆

Entiende cada adivinanza para encontrar el número secreto.
Muestra y explica tu trabajo.

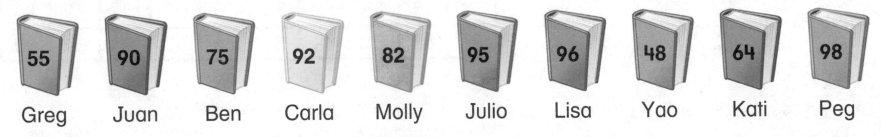

| 55 | 90 | 75 | 92 | 82 | 95 | 96 | 48 | 64 | 98 |
| Greg | Juan | Ben | Carla | Molly | Julio | Lisa | Yao | Kati | Peg |

3. El número de páginas de mi libro es menor que 96 y mayor que 90.

¿Quién podría ser?

_____

Mi nombre tiene
5 letras.
¿Quién soy?

4. El número de páginas de mi libro es mayor que 92.

¿Quién podría ser?

_____

Tengo el mayor número de páginas.
¿Quién soy?

5. El número de páginas de mi libro es menor que 65.

¿Quién podría ser?

_____

Tengo 10 páginas más que 54.
¿Quién soy?

Resolución de problemas

Números faltantes Amanda tiene que encontrar el número secreto entre los números que faltan en la tabla. Le dan algunas pistas para ayudarla.

¿Cuál es el número secreto?

61	62		64	65	66	67	68	69	70
	72	73	74	75	76	77		79	80
81	82		84	85	86	87		89	90

Pistas de Amanda:

- El número secreto es mayor que 75.
- El número **NO** tiene un 8 en el lugar de las unidades.

6. **Entender** ¿Cuál es tu plan para resolver el problema? Explícalo.

_____

_____

_____

7. **Explicar** ¿Cuál es el número secreto? ¿Cómo sabes que tu respuesta es correcta?

_____

_____

_____

_____

_____

_____

Número secreto: _____

Asegúrate de que tu solución tenga sentido.

Emparéjalo

Trabaja con un compañero. Señala una pista y léela. Mira la tabla en la parte inferior de la página y busca la pareja de esa pista. Escribe la letra de la pista en la casilla al lado de su pareja. Halla una pareja para cada pista.

Puedo...
sumar y restar hasta el 10.

También puedo construir argumentos matemáticos.

Pistas

A $6 + 2$	**E** $8 - 6$
B $5 + 5$	**F** $5 + 4$
C $9 - 3$	**G** $7 - 2$
D $5 - 1$	**H** $1 + 2$

☐ $10 - 0$	☐ $2 + 2$	☐ $10 - 1$	☐ $9 - 7$
☐ $2 + 3$	☐ $7 - 4$	☐ $4 + 4$	☐ $3 + 3$

Las respuestas de Emparéjalo *están en la siguiente página.*

Repaso del vocabulario

Glosario

Lista de palabras
- comparar
- más
- mayor que (>)
- menor que (<)
- menos

Comprender el vocabulario

1. Compara los números. Encierra en un círculo el número que es mayor.

26   29

2. Compara los números. Encierra en un círculo el número que es menor.

58   68

3. Escoge un término de la Lista de palabras. Completa las oraciones para hacerlas verdaderas.

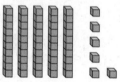

_____ es _____

_____ es 10 _____ que _____

Usar el vocabulario al escribir

4. Escribe un problema usando los términos de la Lista de palabras. Usa bloques de valor de posición como ayuda para resolver el problema.

Respuestas de Empáréjalo
de la página 389.

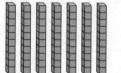

C	A	H	G
E	F	D	B

Grupo A _____

Puedes usar bloques para
mostrar 1 más, 1 menos, 10 más
y 10 menos que un número.

34

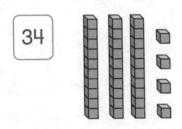

1 menos que 34 es __33__.

10 más que 34 es __44__.

Usa bloques. Escribe los números
que completan cada oración.

1.
87

1 más que 87 es _____.

1 menos que 87 es _____.

10 más que 87 es _____.

10 menos que 87 es _____.

Grupo B _____

Puedes usar una tabla de 100
para hallar el número que es
1 más, 1 menos, 10 más y 10
menos que:

35	36	37	38	39
45	46	47	48	49
55	56	57	58	59

1 más que 48 es __49__.

10 menos que 48 es __38__.

Escribe el número que es 1 más, 1
menos, 10 más o 10 menos. Puedes
usar una tabla de 100 como ayuda.

2. 1 menos que 37

_____, 37

3. 1 más que 37

37, _____

4. 10 menos que 55

_____, 55

5. 10 más que 55

55, _____

Puedes comparar números
usando >, < o =.

> significa mayor que.
33 es mayor que 24.

33 ⟩ 24

< significa menor que.
24 es menor que 33.

24 ⟨ 33

Escribe **mayor que**, **menor que** o
igual a. Luego, escribe >, < o =.

6. 46 es _____ 26.

46 ◯ 26

7. 25 es _____ 52.

25 ◯ 52

Hábitos de razonamiento

Entender y perseverar

¿Qué me piden que halle?

¿Cuál es un buen plan para
resolver el problema?

¿Cómo puedo comprobar si
mi solución tiene sentido?

Mira los siguientes números.
Encuentra el número secreto.

| 42 | 73 | 91 | 7 | 13 | 63 | 50 |

8. Soy un número mayor que 65.
   ¿Qué números podría ser?

   _____

2. Soy 10 menos que 83.
   ¿Qué número soy? _____

Nombre _____

1. El número de la casa de Talía es 54. El número de la casa de Frank es mayor que el de la casa de Talía.

¿Cuál es el número de la casa de Frank? ¿Cómo lo sabes?

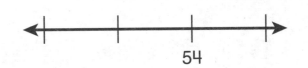

54

Ⓐ 52; porque 52 > 50.   Ⓒ 54; porque 54 > 50.

Ⓑ 53; porque 53 < 54.   Ⓓ 55; porque 55 > 54.

---

2. Escoge dos maneras de comparar los bloques de valor de posición. Explícalo.

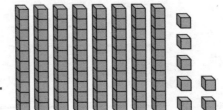 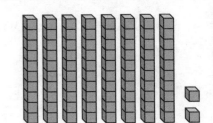

☐ 82 < 87; 82 tiene menos unidades que 87.

☐ 87 = 82; 87 y 82 tienen la misma cantidad de decenas.

☐ 87 < 82; 82 tiene más unidades que 87.

☐ 87 > 82; 87 tiene más unidades que 82.

☐ 82 > 87; 82 tiene más unidades que 87.

---

3. Halla 10 más que 37 sin contar. Explica cómo lo sabes.

Ⓐ 36; 36 tiene una unidad menos que 37.   Ⓒ 38; 38 tiene una unidad más que 37.

Ⓑ 47; 47 tiene una decena más que 37.   Ⓓ 27; 27 tiene una decena menos que 37.

4. Usa las pistas para hallar el número secreto que está en las figuras de al lado.

Soy menor que 48.
¿Qué números podría ser? _____

Tengo un 0 en el lugar de las unidades.
¿Qué número soy? _____

42   70   55

60   37   40

---

5. Escribe el número que completa esta parte de una tabla de 100. Explica cómo lo sabes.

33

42   44

53

6. ¿Qué número es 10 más que 74?
¿Qué número es 10 menos que 74?

10 más que 74 es _____.

10 menos que 74 es _____.

---

7. Mira los bloques de valor de posición. Escribe los números que hacen verdaderas las oraciones. Explica cómo sabes qué número es mayor.

_____

_____

_____

_____

_____ es mayor que _____.

_____ es menor que _____.

El misterio de los buzones

Meg vio estos buzones en su vecindario.
Cada buzón tenía un número diferente.

1	2	3	4	5	6	7	8	9	10
11	12	13	14	15	16	17	18	19	20
21	22	23	24	25	26	27	28	29	30
31	32	33	34	35	36	37	38	39	40
41	42	43	44	45	46	47	48	49	50
51	52	53	54	55	56	57	58	59	60
61	62	63	64	65	66	67	68	69	70
71	72	73	74	75	76	77	78	79	80
81	82	83	84	85	86	87	88	89	90
91	92	93	94	95	96	97	98	99	100

1. Escribe el número del buzón para cada pista.
   Puedes usar la tabla de 100 como ayuda.

   1 más que 59 _____   1 menos que 26 _____

   10 más que 7 _____   10 menos que 83 _____

2. Usa estas pistas para hallar el número
   del buzón de cada estudiante.
   Muestra tu trabajo en la tabla de 100.

   Larry: _____

   Sara: _____

   El número de Larry es 10 menos que el de Sara.
   El número de Sara es 1 más que el de Beto.
   El número de Beto es 34.

   Beto: _____

3. Escribe los números que faltan. Puedes usar las rectas numéricas como ayuda.

Escribe un número del buzón
que sea mayor que 50.

_____ > 50

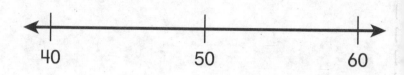

Escribe un número del buzón
que sea menor que 30.

_____ < 30

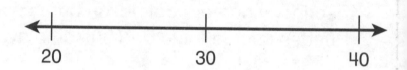

---

4. Meg describe el número de su buzón.

Ella usa estas pistas.

Pistas
- El número es mayor que 40.
- El número **NO** está en un buzón rojo.
- El número tiene más unidades
  que decenas.

¿Cuál es el número de su buzón? _____

Explica cómo lo sabes.

_____

_____

_____

_____

Usar modelos y estrategias para sumar decenas y unidades

TEMA 10

Pregunta esencial: ¿De qué maneras puedes usar las decenas y las unidades para sumar?

Recursos digitales

Libro del estudiante · Aprendizaje visual · Práctica · Evaluación · Herramientas · Glosario

Cada persona puede ver algunas estrellas desde donde vive.

Las estrellas que ves una noche pueden no ser las mismas que ves otra noche.

¡Muy interesante! Hagamos este proyecto para aprender más.

Proyecto de enVision STEM: Observar las estrellas

Investigar Habla con tu familia y tus amigos sobre las estrellas. Comenten por qué las estrellas que ven en el cielo cambian de lugar cada noche.

Diario: Hacer un libro Muestra lo que encontraste. En tu libro, también:

- dibuja las estrellas que puedes ver desde donde vives.
- inventa y resuelve problemas de suma sobre las estrellas.

Nombre _____

A-Z Vocabulario

1. Encierra en un círculo el dígito de las **unidades**.

91

2. Encierra en un círculo el dígito de las **decenas**.

13

3. Encierra en un círculo el signo que indica **sumar**.

+   −   =

Entender la suma

4. Escribe una ecuación de suma para representar el dibujo.

_____ + _____ = _____

5. Bob cortó el césped en 7 patios. Mari cortó el césped en 13 patios. ¿En cuántos patios cortaron el césped Bob y Mari en total?

Escribe una ecuación de suma y resuélvela.

_____ + _____ = _____

Tabla de 100

6. Escribe los números que faltan en esta parte de la tabla de 100.

41		43	44	45	46	47	48	49	50
51	52	53	54		56	57		59	60
61	62		64	65	66	67	68	69	

PROYECTO 10A

¿Alguna vez te han llamado por un nombre equivocado?

Proyecto: Haz un libro de datos sobre los manatíes

PROYECTO 10B

¿Alguna vez has tirado al blanco?

Proyecto: Juega tiro al blanco

¿Qué es tan colorido como una mariposa?

Proyecto: Haz un modelo de hojas y huevos

¿Cómo sería vivir sin huesos?

Proyecto: Escribe e ilustra un cuento sobre un pulpo

Lección 10-1

Sumar decenas usando modelos

Resuélvelo y coméntalo

¿En qué se parecen estos problemas? Comenta con un compañero cómo puedes usar el total de la primera suma como ayuda para hallar el total de la segunda.

Puedo...
sumar dos múltiplos de 10.

También puedo razonar sobre las matemáticas.

$3 + 5 =$ _____

$30 + 50 =$ _____

Tú ya sabes cómo sumar unidades.

2 + 3 = 5

Sumar 2 decenas más 3 decenas es como sumar 2 + 3.

Puedes usar lo que sabes para sumar grupos de decenas.

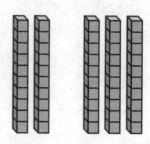

2 decenas + 3 decenas = 5 decenas

2 decenas son 20.
3 decenas son 30.

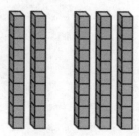

20 + 30 = ?

5 decenas es lo mismo que 50.

Por tanto,
20 + 30 = 50.

¡Convénceme! ¿En qué se parece sumar 6 + 3 a sumar 60 + 30?

Práctica guiada Escribe los números para completar las ecuaciones.

1.
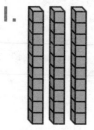 

___3___ decenas +

___4___ decenas =

___7___ decenas

30 + 40 = 70

2.
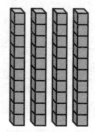 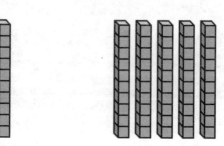

_____ decena +

_____ decenas =

_____ decenas

_____ + _____ = _____

Práctica independiente   Escribe los números para completar las ecuaciones.

3.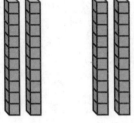

_____ + _____ = _____

4.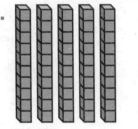

_____ + _____ = _____

5.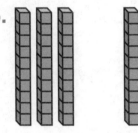

_____ + _____ = _____

6.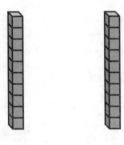

_____ + _____ = _____

7.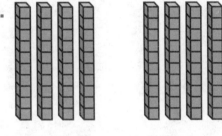

_____ + _____ = _____

8.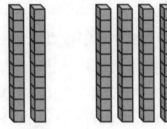

_____ + _____ = _____

9.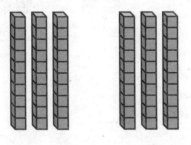

_____ + _____ = _____

10.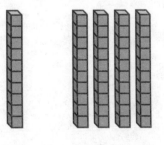

_____ + _____ = _____

11.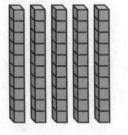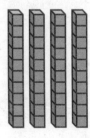

_____ + _____ = _____

12. Entender Alex y Anita tienen 5 cajas de crayones cada uno. Cada caja tiene 10 crayones.

¿Cuántos crayones tienen Alex y Anita en total?

_____ + _____ = _____

_____ crayones

13. Entender Bety y Daniel compraron algunas botellas de jugo. Bety compró 6 botellas y Daniel compró 2. Cada botella de jugo es suficiente para 10 personas.

¿Para cuántas personas tienen suficiente jugo Bety y Daniel?

_____ + _____ = _____

_____ personas

14. Razonamiento de orden superior
Berta dice que ella sabe que $4 + 3 = 7$, por tanto, también sabe que $30 + 40 = 70$. ¿Tiene razón? Explica cómo lo sabes.

_____

_____

_____

_____

15. ☑ **Práctica para la evaluación** ¿Qué ecuación representa el dibujo?

Ⓐ $2 + 3 = 5$

Ⓑ $3 + 2 = 5$

Ⓒ $20 + 3 = 23$

Ⓓ $20 + 30 = 50$

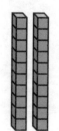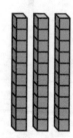

Resuélvelo y coméntalo

Resuelve los problemas. ¿Qué patrón ves en los totales?

Puedo...

usar el cálculo mental para sumar decenas a números de dos dígitos.

También puedo construir argumentos matemáticos.

$15 + 10 = $ _____

$25 + 10 = $ _____

$55 + 10 = $ _____

Has usado bloques de valor de posición para sumar 10. También, puedes calcular mentalmente para sumar 10. Halla 23 + 10.

¿Cómo puedo sumar 10 mentalmente?

Cuando sumas 10 debes mirar el dígito de las decenas.

Sé que 2 + 1 = 3. Por tanto, 23 + 10 = 33.

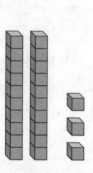

Usa el cálculo mental para sumar.

Piensa en los dígitos del lugar de las decenas y el lugar de las unidades.

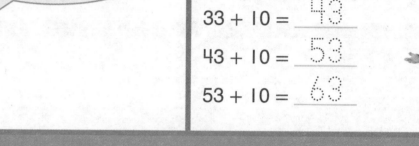

$33 + 10 = \underline{43}$

$43 + 10 = \underline{53}$

$53 + 10 = \underline{63}$

¡Convénceme! Explica cómo puedes usar el cálculo mental para sumar 10 a 47.

Práctica guiada Usa el cálculo mental para resolver los problemas.

1.

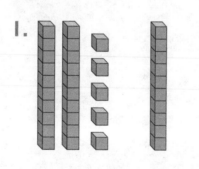

$\underline{25} + \underline{10} = \underline{35}$

2.

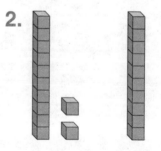

$\underline{} + \underline{} = \underline{}$

☆ Práctica independiente ☆

Escribe los números para resolver las ecuaciones.

3.
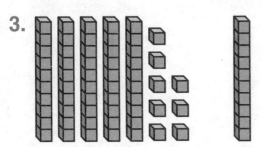

$58 + 10 =$ _____

4.

$44 + 10 =$ _____

5.
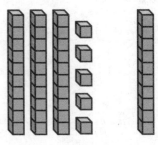

$35 + 10 =$ _____

6. $10 + 72 =$ _____

7. $87 + 10 =$ _____

8. $31 + 10 =$ _____

9. $18 + 10 =$ _____

10. $10 + 26 =$ _____

11. $9 + 10 =$ _____

12. **Sentido numérico** Vanesa usó bloques de valor de posición para mostrar $29 + 10$. Ella dice que la respuesta es 30. ¿Tiene razón? Explica cómo lo sabes.

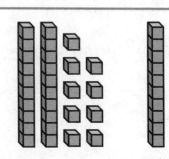

_____

_____

13. **Razonar** Sam ganó 15 dólares cortando el césped un día. Al siguiente día, ganó 10 dólares.

¿Cuántos dólares ganó Sam en total?

_____ dólares

14. **Razonar** Tere resuelve 22 problemas de matemáticas. Luego, resuelve 10 problemas más.

¿Cuántos problemas de matemáticas resolvió Tere en total?

_____ problemas de matemáticas

Fíjate en los números del dígito de las decenas y de las unidades.

15. **Razonamiento de orden superior** Raúl recogió 75 latas. Elia recogió algunas latas. Raúl y Elia recogieron 85 latas en total.

¿Cuántas latas recogió Elia?

_____ latas

16. ☑ **Práctica para la evaluación** Une con una línea cada par de sumandos con su total.

27	33 + 10
86	41 + 10
43	59 + 10
51	76 + 10
69	17 + 10

Tema 10 | Lección 2

Nombre _____

Resuélvelo y coméntalo

Usa una tabla de cien para hallar estas sumas.

$8 + 40 = ?$ $30 + 40 = ?$ $80 + 12 = ?$

Muestra tu trabajo y di cómo hallaste cada suma.

Puedo...
usar una tabla de 100 para sumar decenas y unidades.

También puedo usar herramientas matemáticas correctamente.

1	2	3	4	5	6	7	8	9	10
11	12	13	14	15	16	17	18	19	20
21	22	23	24	25	26	27	28	29	30
31	32	33	34	35	36	37	38	39	40
41	42	43	44	45	46	47	48	49	50
51	52	53	54	55	56	57	58	59	60
61	62	63	64	65	66	67	68	69	70
71	72	73	74	75	76	77	78	79	80
81	82	83	84	85	86	87	88	89	90
91	92	93	94	95	96	97	98	99	100

Puedes usar una tabla de 100 para sumar decenas y unidades.

1	2	3	4	5	6	7	8	9	10
11	12	13	14	15	16	17	18	19	20
21	22	23	24	25	26	27	28	29	30

$4 + 23 = ?$

Empieza con el número más grande: 23.

23 tiene 2 decenas. Por tanto, 23 está en la tercera fila de la tabla.

1	2	3	4	5	6	7	8	9	10
11	12	13	14	15	16	17	18	19	20
21	22	23	24	25	26	27	28	29	30

Suma las unidades. Por cada unidad que sumas te mueves 1 columna a la derecha.

1	2	3	4	5	6	7	8	9	10
11	12	13	14	15	16	17	18	19	20
21	22	23	24	25	26	27	28	29	30

4 son 4 unidades. Muévete 4 columnas a la derecha. $23 + 4 = 27$; por tanto, $4 + 23 = 27$.

¡Convénceme! ¿Cómo puedes usar la tabla de 100 para hallar la suma de 6 más 50?

Práctica guiada

Usa la parte de la tabla de 100 para sumar.

1. $2 + 12 = \underline{14}$

2. $5 + 40 = \underline{\hspace{1cm}}$

3. $13 + 20 = \underline{\hspace{1cm}}$

4. $10 + 31 = \underline{\hspace{1cm}}$

5. $32 + 6 = \underline{\hspace{1cm}}$

1	2	3	4	5	6	7	8	9	10
11	12	13	14	15	16	17	18	19	20
21	22	23	24	25	26	27	28	29	30
31	32	33	34	35	36	37	38	39	40
41	42	43	44	45	46	47	48	49	50

Tema 10 | Lección 3

Nombre _____

☆ **Práctica** ☆ independiente

Usa la tabla de 100 para sumar.

1	2	3	4	5	6	7	8	9	10
11	12	13	14	15	16	17	18	19	20
21	22	23	24	25	26	27	28	29	30
31	32	33	34	35	36	37	38	39	40
41	42	43	44	45	46	47	48	49	50
51	52	53	54	55	56	57	58	59	60
61	62	63	64	65	66	67	68	69	70
71	72	73	74	75	76	77	78	79	80
81	82	83	84	85	86	87	88	89	90
91	92	93	94	95	96	97	98	99	100

6. $7 + 60 =$ _____

7. $33 + 20 =$ _____

8. $20 + 18 =$ _____

9. $5 + 13 =$ _____

10. $3 + 26 =$ _____

11. $1 + 41 =$ _____

12. $4 + 32 =$ _____

13. $56 + 2 =$ _____

14. $10 + 85 =$ _____

15. $7 + 12 =$ _____

16. $50 + 13 =$ _____

17. $71 + 5 =$ _____

18. **Razonamiento de orden superior** Sonia tenía algunas calcomanías en su libro. Compró 30 calcomanías más y ahora tiene 36 calcomanías en su libro. ¿Cuántas calcomanías tenía Sonia al principio?

_____ calcomanías

Empieza con el número que sea más fácil sumar en la tabla de 100.

1	2	3	4	5	6	7	8	9	10
11	12	13	14	15	16	17	18	19	20
21	22	23	24	25	26	27	28	29	30
31	32	33	34	35	36	37	38	39	40
41	42	43	44	45	46	47	48	49	50
51	52	53	54	55	56	57	58	59	60
61	62	63	64	65	66	67	68	69	70
71	72	73	74	75	76	77	78	79	80
81	82	83	84	85	86	87	88	89	90
91	92	93	94	95	96	97	98	99	100

19. **Usar herramientas** Las gallinas pusieron 40 huevos. Luego, pusieron 45 huevos más. ¿Cuántos huevos pusieron en total?

_____ huevos

20. **Usar herramientas** Había 22 estudiantes en la feria del libro. Después, llegaron más estudiantes. Ahora hay 72 estudiantes en total en la feria del libro. ¿Cuántos estudiantes llegaron después?

_____ estudiantes

21. **Razonamiento de orden superior**
Escribe un cuento numérico para $3 + 42$.

22. ☑ **Práctica para la evaluación** Usa la tabla de cien. ¿Qué ecuaciones muestran la suma correcta para $50 + 8$? Selecciona dos que apliquen.

☐ $8 + 50 = 85$

☐ $50 + 8 = 13$

☐ $8 + 50 = 58$

☐ $50 + 8 = 58$

Nombre _____

Resuélvelo y coméntalo

Usa las rectas numéricas vacías para hallar las sumas.

$$43 + 6 = ? \quad 5 + 19 = ? \quad 10 + 32 = ?$$

Puedo...
usar una recta numérica para resolver problemas de suma.

También puedo representar con modelos matemáticos.

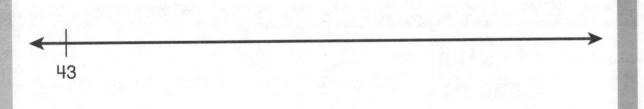

43

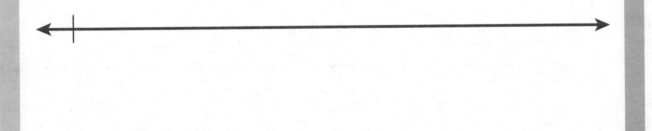

Usa una recta numérica vacía para hallar 25 + 4.

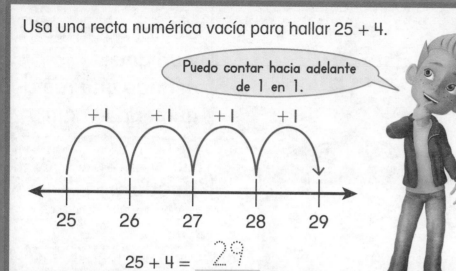

Puedo contar hacia adelante de 1 en 1.

+1 +1 +1 +1

25 26 27 28 29

25 + 4 = _29_

Usa una recta numérica vacía para hallar 25 + 30.

Puedo contar hacia adelante de 10 en 10.

+10 +10 +10

25 35 45 55

25 + 30 = _55_

¡Convénceme! Piensa en el problema 20 + 17. ¿Sería más fácil empezar con 20 o con 17 en la recta numérica para resolver el problema?

☆Práctica guiada☆

Usa las rectas numéricas para sumar.

1.

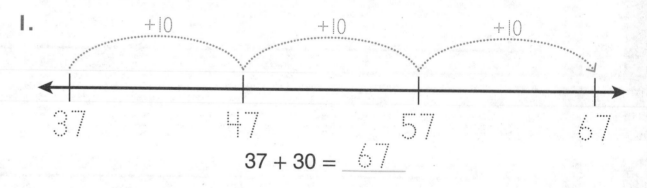

+10   +10   +10

37   47   57   67

37 + 30 = _67_

2.

26 + 50 = _____

☆ **Práctica independiente** ☆   Usa las rectas numéricas para sumar.

3.

$11 + 8 =$ _____

4.

$40 + 16 =$ _____

5.

$48 + 20 =$ _____

6.

$22 + 7 =$ _____

7. Razonamiento de orden superior Escribe una ecuación de suma con un número de dos dígitos y otro de un dígito. Luego, muestra cómo resuelves tu ecuación en la recta numérica.

_____ + _____ = _____

8. **Hacerlo con precisión** Daniel escribió 20 páginas de su trabajo el lunes y 32 páginas el martes. ¿Cuántas páginas escribió Daniel en total? Usa la recta numérica para resolver el problema.

20 + 32 = _____ _____ páginas

9. **Hacerlo con precisión** Lola vio 41 películas el año pasado y 30 películas este año. ¿Cuántas películas ha visto Lola en total? Usa la recta numérica para resolver el problema.

41 + 30 = _____ _____ películas

10. **Razonamiento de orden superior** Explica cómo puedes resolver 57 + 7 en una recta numérica.

_____

_____

11. ☑ **Práctica para la evaluación** Resuelve 60 + 26 en la recta numérica. Muestra tu trabajo.

60 + 26 = _____

Lección 10-5

Sumar decenas y unidades usando modelos

Resuélvelo y coméntalo

Maddy tiene 50 calcomanías.

Jill le regala 5 calcomanías más.

Usa bloques de valor de posición para mostrar cuántas calcomanías tiene Maddy ahora.

Luego, usa números e imágenes para mostrar tu trabajo.

Puedo...

usar bloques o dibujos para resolver problemas de suma.

También puedo representar con modelos matemáticos.

Halla 21 + 7.
Primero, usa bloques.

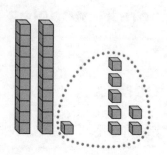

$21 + 7 =$ _28_

Luego, dibuja lo que hiciste para resolver el problema.

Sumé las unidades primero.

$21 + 7 =$ _28_

Halla 21 + 20.

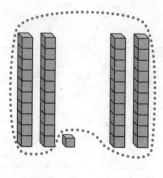

$21 + 20 =$ _41_

Sumé las decenas y luego la unidad.

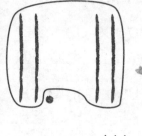

$21 + 20 =$ _41_

¡Convénceme! ¿Podrías contar de 10 en 10 para sumar 21 + 20?

☆ **Práctica guiada** ☆   Usa bloques para sumar. Luego, dibuja lo que hiciste.

1.

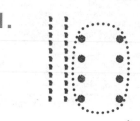

$24 + 4 =$ _28_

2.

$16 + 30 =$ _____

3.

$32 + 20 =$ _____

4.

$33 + 6 =$ _____

Nombre _____

✩ Práctica independiente ✩

Suma. Dibuja bloques para mostrar tu trabajo.

5.

$37 + 2 =$ _____

6.

$21 + 40 =$ _____

7.

$42 + 10 =$ _____

8.

$4 + 33 =$ _____

9.

$50 + 14 =$ _____

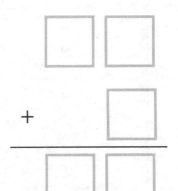

¡Puedes sumar los números en cualquier orden para que sea más fácil!

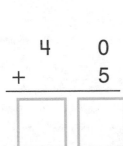

Busca un patrón como ayuda para hallar los números que faltan.

10. Álgebra Escribe los números que faltan. Luego, escribe el último problema de suma en el patrón.

```
    4   0              □   □                4   0          4   0          □   □
  +     5            +       6            +       7      +   □
  ─────────          ─────────            ─────────      ─────────        +   □
    □   □              4   6                □   □          4   8          ─────────
                                                                          □   □
```

Escribe una ecuación para resolver los siguientes problemas. Usa bloques como ayuda si es necesario.

11. **Representar** Jamal tiene 32 monedas en una alcancía. Su papá le da 4 monedas más. ¿Cuántas monedas tiene Jamal ahora?

_____ + _____ = _____

_____ monedas

12. **Representar** Julia vende 18 pastelitos el lunes y 20 pastelitos el viernes. ¿Cuántos pastelitos vendió Julia en total?

_____ + _____ = _____

_____ pastelitos

13. **Razonamiento de orden superior**
Jake tiene 9 canicas. Le regalan algunas canicas más. Ahora tiene 79 canicas. ¿Cuántas canicas le regalaron a Jake? Haz un dibujo para resolverlo.

_____ canicas

14. ☑ **Práctica para la evaluación** ¿Cuál es la suma de 40 + 37?

Ⓐ 47

Ⓑ 57

Ⓒ 67

Ⓓ 77

Nombre _____

Resuélvelo y coméntalo ¿Qué estrategia puedes usar para hallar 8 + 5?

¿Cómo puedes usar la suma de 8 + 5 como ayuda para hallar 28 + 5? Muestra tu trabajo y prepárate para explicar tu razonamiento.

Puedo...
usar lo que sé sobre las decenas como ayuda para que sea más fácil resolver problemas de suma.

También puedo hacer mi trabajo con precisión.

Puedes usar bloques o una recta numérica vacía como ayuda.

Algunas veces puedes formar 10 cuando sumas.

Probemos con 28 + 6.

Puedes sumar unidades hasta formar 10.

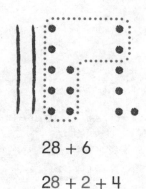

28 + 6

28 + 2 + 4

Ahora tengo 3 decenas y 4 unidades.

30 + 4 = 34

Por tanto, 28 + 6 = 34.

Algunas veces, no puedes formar 10 cuando sumas.

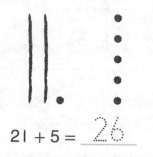

21 + 5 = 26

¡Convénceme! Cuando sumas dos números, ¿cómo sabes si puedes formar 10?

Práctica guiada ☆ Dibuja bloques y junta 10 para sumar.

1. Halla 37 + 7.

Piensa: 37 + _3_ = 40

Piensa: 7 = _3_ + _4_

Piensa: 40 + _4_ = _44_

Por tanto, 37 + 7 = _44_.

Puedo separar 7 en 3 y 4. Entonces todavía necesito añadir 4 más.

Herramientas Evaluación

Práctica independiente

Dibuja bloques y forma 10 para sumar.

2. $17 + 7$

Piensa: $17 +$ _____ $= 20$

Entonces, separa 7 en _____ $+$ _____ .

$20 +$ _____ $=$ _____

Por tanto, $17 + 7 =$ _____ .

3. $38 + 4$

Piensa: $38 +$ _____ $= 40$

Entonces, separa 4 en _____ $+$ _____ .

$40 +$ _____ $=$ _____

Por tanto, $38 + 4 =$ _____ .

Suma. Usa o dibuja bloques como ayuda.

4. $42 + 8 =$ _____

5. $29 + 5 =$ _____

Usa lo que sabes sobre el valor de posición como ayuda.

Álgebra Escribe el número que falta. Usa bloques de valor de posición si es necesario.

6. $23 +$ ☐ $= 32$

7. $35 +$ ☐ $= 40$

8. **Usar herramientas** Jaime tiene 28 tarjetas. Su hermana le da 6 tarjetas más. ¿Cuántas tarjetas tiene Jaime ahora? Dibuja bloques para mostrar tu trabajo.

_____ tarjetas

9. **Usar herramientas** Lupe teje 15 bufandas. Luego, teje 8 más. ¿Cuántas bufandas teje Lupe en total? Dibuja bloques para mostrar tu trabajo.

_____ bufandas

10. **Razonamiento de orden superior** Explica cómo hallar 19 + 6. Usa ecuaciones para demostrar tu razonamiento.

_____

_____

_____

11. ☑ **Práctica para la evaluación** Explica cómo puedes usar la estrategia de formar 10 para resolver 37 + 5.

_____

_____

_____

_____

_____

Resuélvelo y coméntalo

Grace resuelve 35 + 8.

Primero suma 35 + 5 = 40.

¿Qué tendría que hacer a continuación para hallar la respuesta?

Dibuja un modelo para explicarlo.

Lección 10-7

Sumar usando el valor de posición

Puedo...

sumar 2 números de dos dígitos.

También puedo razonar sobre las matemáticas.

Halla 27 + 15.
Puedes dibujar bloques como ayuda para sumar. Dibuja las decenas y las unidades.

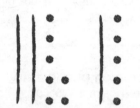

Suma las unidades.
Fíjate si puedes formar una decena.

7 unidades + 5 unidades = 12 unidades   7 + 5 = 12

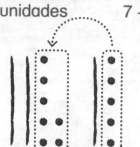

Suma las decenas.

2 decenas + 1 decena = 3 decenas

$20 + 10 = 30$

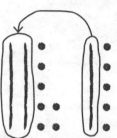 

Halla la suma.
$7 + 5 = 12$
$20 + 10 = 30$
$27 + 15 = 42$

Entonces tenemos 4 decenas y 2 unidades. ¡Eso es 42!

¡Convénceme! ¿Necesitas formar 10 para sumar 23 + 15? ¿Cómo lo sabes?

Práctica guiada ☆ Suma. Dibuja bloques como ayuda.

1. Halla 36 + 24.

$6 + 4 = \underline{10}$

$30 + 20 = \underline{}$

Por tanto, 36 + 24 = \underline{}.

2. Halla 19 + 25.

$9 + 5 = \underline{14}$

$10 + 20 = \underline{30}$

Por tanto, 19 + 25 = \underline{}.

Práctica independiente

Suma. Dibuja bloques o una recta numérica vacía como ayuda.

3. Halla 19 + 42.

9 + 2 = _____

10 + 40 = _____

19 + 42 = _____

4. Halla 27 + 25.

7 + 5 = _____

20 + 20 = _____

27 + 25 = _____

Suma. Puedes dibujar bloques o una recta numérica vacía como ayuda.

5. 37 + 33 = _____

6. 28 + 44 = _____

7. 25 + 26 = _____

8. 56 + 33 = _____

9. **Razonar** Sara cortó el césped de 15 patios. Víctor cortó el césped de 12 patios. ¿En cuántos patios en total cortaron el césped Sara y Víctor? Escribe una ecuación de suma para mostrar el problema.

_____ patios

10. **Razonar** Pedro leyó 24 páginas y luego leyó 27 más. ¿Cuántas páginas leyó Pedro en total? Escribe una ecuación de suma para mostrar el problema.

_____ páginas

11. **Razonamiento de orden superior** Explica cómo hallar $27 + 15$ sumando primero las decenas. Usa ecuaciones para mostrar tu razonamiento.

12. ☑ **Práctica para la evaluación** ¿Para qué ecuaciones de suma puedes formar 10 para sumar? Selecciona dos que apliquen.

☐ $12 + 29 =$ _____?

☐ $61 + 26 =$ _____?

☐ $33 + 35 =$ _____?

☐ $34 + 18 =$ _____?

Resuélvelo y coméntalo

Un rompecabezas tiene 59 piezas verdes y 25 piezas anaranjadas. Resuelve 59 + 25 para hallar cuántas piezas tiene en total. Usa cualquiera de las estrategias que has aprendido.

Puedo...
usar diferentes estrategias para resolver problemas de suma.

También puedo construir argumentos matemáticos.

59 + 25 = _____ piezas

 Aprendizaje visual (A-Z) Glosario

Halla 25 + 17 de diferentes maneras.

Usé bloques y formé 10.

25 + 17 = 42

Puedes dibujar decenas y unidades para hallar 25 + 17.

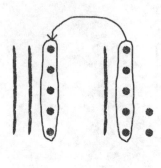

25 + 17 = 42

Puedes sumar 25 + 17 en una recta numérica vacía.

Suma 10 y luego separa las unidades en números fáciles de sumar.

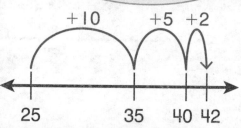

+10   +5 +2

25   35   40 42

25 + 17 = 42

¡Convénceme! ¿Por qué puedes usar diferentes estrategias para resolver el mismo problema?

☆**Práctica guiada**☆ Halla las sumas. Resuelve de la manera que prefieras. Dibuja o explica lo que hiciste.

1. 37 + 24 = 61

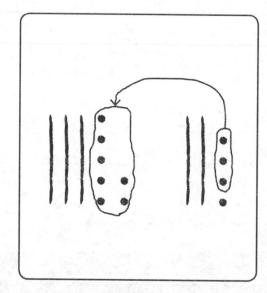

2. 48 + 10 = _____

Nombre ______________________________

Herramientas Evaluación

☆ Práctica independiente ☆

Halla las sumas. Resuelve de la manera que prefieras. Dibuja o explica lo que hiciste.

3. $27 + 9 =$ ______

4. $50 + 23 =$ ______

5. $32 + 28 =$ ______

6. $62 + 19 =$ ______

7. Razonar Lidia hace collares con cuentas de colores. Tiene 43 cuentas azules y 20 rosadas. ¿Cuántas cuentas tiene Lidia en total?

_____ cuentas

8. Razonar Juan tiene una colección de gorras deportivas. Tiene 27 gorras de equipos de fútbol americano y 33 de equipos de béisbol. ¿Cuántas gorras tiene Juan en total?

_____ gorras

9. Razonamiento de orden superior Hubo una venta de panadería del equipo de fútbol de Cora. El equipo vendió 18 pastelitos de plátano y 24 pastelitos de avena. También vendió 12 barras de granola. ¿Cuántos pastelitos vendió el equipo de Cora? Haz un dibujo y escribe una ecuación para mostrar tu trabajo.

_____ pastelitos

10. ☑ **Práctica para la evaluación** Garret usa bloques de valor de posición para mostrar $53 + 18$. ¿Cuáles de los siguientes modelos representan el problema? Selecciona dos que apliquen.

  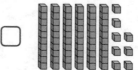 

Nombre _____

Resuélvelo y coméntalo

Pam tiene 13 botones. Julia le da algunos más. Ahora Pam tiene 30 botones. Usa bloques o una recta numérica para hallar cuántos botones le dio Julia a Pam.

Puedo...

representar un problema con modelos matemáticos, como dibujos o ecuaciones, para ayudarme a resolverlo.

También puedo sumar números de dos dígitos.

Hábitos de razonamiento

¿Cómo puedo usar los números y símbolos para resolver este problema? ¿Cómo puedo usar lo que sé de matemáticas para representar el problema?

Miko tiene 23 canicas verdes y 18 azules. ¿Cuántas canicas tiene Miko en total?

¿**Cómo puedo representar el problema?**

Podría usar bloques, una recta numérica, una ecuación o dibujos para representar el problema.

$23 + 18 = ?$

Este es un cuento de suma. Puedo dibujar decenas y unidades para mostrar $23 + 18$.

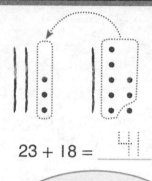

$23 + 18 = \underline{41}$

Puedo formar 10. Ahora tengo 4 decenas y 1 unidad. Miko tiene 41 canicas en total.

¡**Convénceme!** Si Miko tiene 23 canicas verdes y 30 azules, ¿cuántas canicas tiene en total? Haz un dibujo para resolver el problema.

⭐**Práctica guiada**⭐ Usa dibujos para representar y resolver el problema. Luego, escribe la ecuación.

1. Elena tiene 27 calcomanías. Su hermano le da 26 más. ¿Cuántas calcomanías tiene Elena en total?

_____ + _____ = _____

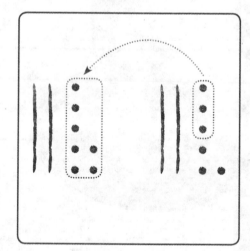

Nombre ______________________________

Herramientas Evaluación

Práctica independiente

Usa dibujos para representar y resolver el problema. Luego, escribe la ecuación.

2. Beto tiene 12 carros rojos y 14 azules. ¿Cuántos carros tiene Beto en total?

_____ + _____ = _____ carros

---

3. Amy cortó 18 rosas. René cortó 36 tulipanes. ¿Cuántas flores cortaron Amy y René en total?

_____ + _____ = _____ flores

---

4. Hay 16 manzanas en un tazón. Jorge compró 15 manzanas más. ¿Cuántas manzanas hay en total?

_____ + _____ = _____ manzanas

Resolución de problemas

Colección de estampillas

Manuel, Adrián y Yésica tienen cada uno su propia colección de estampillas.

5. Representar Manuel tiene 18 estampillas. Adrián le da 30 más. ¿Cuántas estampillas tiene Manuel en total ahora?

Haz un dibujo para representar el problema.

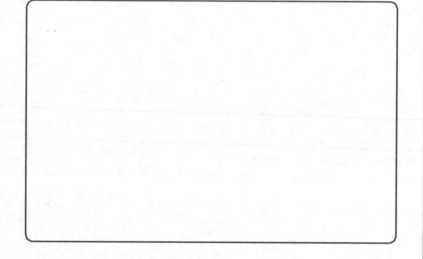

6. Representar Escribe una ecuación que represente el cuento.

_____ ◯ _____ = _____

7. Explicar Adrián tiene 24 estampillas rojas. Le pide a Yésica que le dé suficientes estampillas rojas para completar 50. Yésica le da 25. ¿Le dio suficientes?

Usa palabras o dibujos para explicar cómo lo sabes.

¿Puedes formar 10? ¿Por qué?

_____

_____

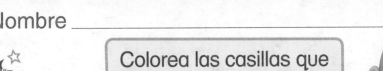

Colorea las casillas que tengan estas sumas y diferencias. Deja el resto en blanco.

| 8 | 6 | 9 |

Puedo...
sumar y restar hasta el 10.

También puedo hacer mi trabajo con precisión.

4 + 2	9 − 3	0 + 6	10 − 2	3 + 5	5 + 3	5 + 4	10 − 1	9 + 0
6 − 0	8 − 7	8 − 2	4 + 4	1 + 2	8 − 0	8 + 1	6 + 1	5 + 4
3 + 3	6 + 0	7 − 1	3 + 5	5 − 3	2 + 6	9 − 0	9 + 0	2 + 7
2 + 4	4 + 3	3 + 2	8 + 0	4 − 4	7 + 1	4 + 5	3 + 6	1 + 1
10 − 4	2 + 2	6 − 6	6 + 2	9 − 1	0 + 8	0 + 9	4 + 0	9 − 0

La palabra es

_____ _____ _____

Glosario

Comprender el vocabulario

1. Usa los modelos para sumar las decenas.

_____ decenas + _____ decenas =

_____ decenas

2. Usa los modelos para sumar las decenas.

_____ decenas + _____ decenas = _____ decenas

---

3. Halla 19 + 12.

Suma las unidades.
Luego, suma las decenas.

Dibuja bloques como ayuda.

$9 + 2 =$ _____

$10 + 10 =$ _____

$19 + 12 =$ _____

Usar el vocabulario al escribir

4. Resuelve 20 + 6 en la recta numérica vacía.
Usa los términos de la Lista de palabras para explicar cómo lo resolviste.

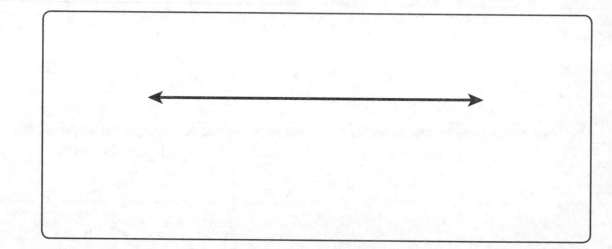

Grupo A

Puedes sumar grupos de 10.

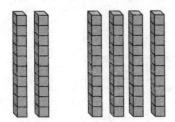

___2___ decenas + ___4___ decenas

= ___6___ decenas

__20__ + __40__ = __60__

Escribe los números para completar las ecuaciones.

1.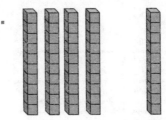

_____ + _____ = _____

2.

_____ + _____ = _____

Grupo B

También puedes usar el cálculo mental para sumar 10. Cuando sumas 10, el dígito de las decenas aumenta en 1 y el dígito de las unidades queda igual.

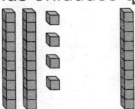

2 decenas + 1 decena = 3 decenas

24 + 10 = ___34___

Usa el cálculo mental para resolver los siguientes problemas.

3. $36 + 10 =$ _____

4. $53 + 10 =$ _____

5. $71 + 10 =$ _____

Puedes usar parte de una tabla de 100 para sumar decenas y unidades.

$$3 + 40 = ?$$

1	2	③	4	5	6	7	8	9	10
11	12	13	14	15	16	17	18	19	20
21	22	23	24	25	26	27	28	29	30
31	32	33	34	35	36	37	38	39	40
41	42	㊸	44	45	46	47	48	49	50

$$3 + 40 = \underline{43}$$

Usa parte de una tabla de 100 para sumar decenas y unidades.

1	2	3	4	5	6	7	8	9	10
11	12	13	14	15	16	17	18	19	20
21	22	23	24	25	26	27	28	29	30
31	32	33	34	35	36	37	38	39	40
41	42	43	44	45	46	47	48	49	50
51	52	53	54	55	56	57	58	59	60

6. $4 + 50 = \underline{}$ **7.** $8 + 30 = \underline{}$

Puedes usar una recta numérica vacía para sumar.

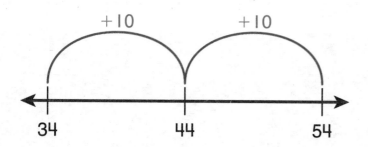

$$34 + 20 = \underline{54}$$

Usa una recta numérica vacía para sumar.

8.

$$11 + 6 = \underline{}$$

Grupo E _____

Puedes usar bloques para sumar
decenas a un número.

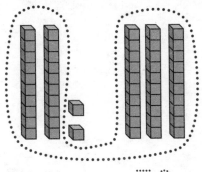

$22 + 30 =$ ___52___

Suma las decenas y las unidades.
Usa bloques como ayuda.

9. $44 + 30 =$ _____

10. $20 + 5 =$ _____

11. $30 + 28 =$ _____

12. $19 + 60 =$ _____

Grupo F _____

A veces puedes formar 10 cuando
sumas.

$$27 + 6 = ?$$

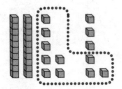

$$27 + 3 + 3$$

$$30 + 3 =$$ ___33___

Por tanto, $27 + 6 =$ ___33___ .

Dibuja bloques y forma 10 para sumar.

13. $33 + 9$

Piensa: $33 +$ _____ $= 40$

Entonces, separa 9 en _____ + _____ .

$40 +$ _____ $=$ _____

Por tanto, $33 + 9 =$ _____ .

$24 + 19 = ?$

Puedes dibujar bloques como ayuda para sumar. Primero suma las unidades. Luego, suma las decenas.

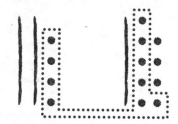

Hay 4 decenas y 3 unidades.

$24 + 19 = 43$

| Suma. Dibuja bloques como ayuda. |

14. Halla $67 + 16$.

$7 + 6 =$ _____

$60 + 10 =$ _____

$67 + 16 =$ _____

Hábitos de razonamiento

Representar con modelos matemáticos

¿Puedo usar un dibujo, un diagrama, una tabla o una gráfica para representar el problema?

¿Puedo escribir una ecuación para representar el problema?

| Usa dibujos para mostrar y resolver el problema. Luego, escribe la ecuación. |

15. Sandra vio 15 pájaros. Luego, vio 17 pájaros más. ¿Cuántos pájaros vio Sandra en total?

_____ + _____ = _____

Nombre _____

1. Escribe una ecuación que coincida con los siguientes bloques de valor de posición.

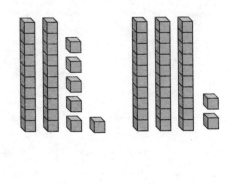

_____

2. Halla la suma.

Dibuja bloques de valor de posición para mostrar cómo la hallaste.

$50 + 3 =$ _____

3. Halla la suma de 16 y 18.

Usa palabras, dibujos o un modelo para resolverlo. Escribe la ecuación.

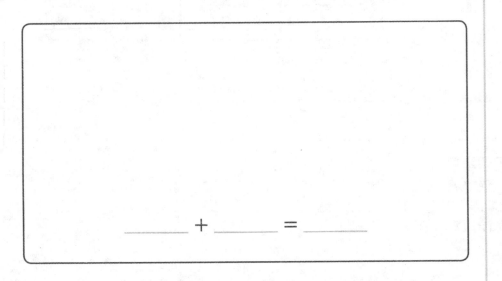

_____ + _____ = _____

4. ¿Qué ecuación coincide con los bloques de valor de posición que se muestran abajo? Escoge dos que apliquen.

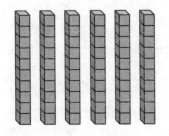 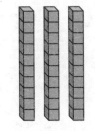

☐ $60 + 30 = 90$

☐ 6 decenas + 3 decenas = 9 decenas

☐ $60 + 10 = 70$

☐ 4 decenas + 3 decenas = 7 decenas

☐ 6 unidades + 3 unidades = 9 unidades

5. Halla la suma de 18 y 11.
Explica cómo resolviste el problema.
¿Necesitaste formar 10?

_____

_____

_____

6. Resuelve el problema.
Usa bloques de valor de posición si es necesario.

$28 + 13 =$ _____

¿Puedes formar 10? Explícalo.

Encierra en un círculo **Sí** o **No**.

Sí   No

---

7. Usa la parte de la tabla de 100 para sumar.
Escoge la explicación posible sobre cómo hallar
$46 + 20$.

31	32	33	34	35	36	37	38	39	40
41	42	43	44	45	46	47	48	49	50
51	52	53	54	55	56	57	58	59	60
61	62	63	64	65	66	67	68	69	70

Ⓐ Comienzo en 46, me muevo dos filas hacia
arriba y obtengo 26. Por tanto, $46 + 20 = 26$.

Ⓑ Comienzo en 46, me muevo una fila hacia abajo
y cuatro columnas a la derecha y obtengo 60.
Por tanto, $46 + 20 = 60$.

Ⓒ Comienzo en 46, me muevo dos filas hacia
abajo y obtengo 66. Por tanto, $46 + 20 = 66$.

Ⓓ Comienzo en 46, me muevo dos filas hacia
abajo y obtengo 68. Por tanto, $46 + 20 = 68$.

     Tema 10 | Práctica para la evaluación

Nombre _____

Usa la parte de la tabla de 100 para resolver los problemas. ¿Cuál es una manera en que puedes explicar tu respuesta?

1	2	3	4	5	6	7	8	9	10
11	12	13	14	15	16	17	18	19	20
21	22	23	24	25	26	27	28	29	30
31	32	33	34	35	36	37	38	39	40

8. $10 + 27 = ?$

Ⓐ 17; Comencé en 27 y resté 1 decena.

Ⓑ 28; Comencé en 27 y sumé 1 decena.

Ⓒ 37; Comencé en 27 y sumé 1 decena.

Ⓓ 40; Comencé en 10 y sumé 3 decenas.

9. $4 + 35 = ?$

Ⓐ 95; Comencé en 35 y sumé 4 decenas.

Ⓑ 39; Comencé en 35 y sumé 4 unidades.

Ⓒ 31; Comencé en 35 y resté 4 unidades.

Ⓓ 12; Comencé en 32 y resté 2 decenas.

Usa el cálculo mental para resolver. Luego, explica cómo encontraste la respuesta.

10. $53 + 10 =$ _____

_____

_____

11. $48 + 10 =$ _____

_____

_____

12. $64 + 10 =$ _____

_____

_____

Halla el número correcto para completar las ecuaciones.

13. 20 + 70 = _____

14. 30 + _____ = 60

15. _____ + 20 = 40

16. Usa la recta numérica vacía para hallar 40 + 23. Muestra tu trabajo.

40 + 23 = _____

17. Halla 43 + 8. ¿Los modelos muestran correctamente la suma? Explica cómo lo sabes.

_____

_____

_____

Resuelve los problemas. ¿Puedes formar 10? Usa bloques de valor de posición si es necesario.

	Muestra	Suma	¿Puedes formar 10?		Halla el total
18.	42	37	Sí	No	
19.	16	35	Sí	No	
20.	14	16	Sí	No	

Tema 10 | Práctica para la evaluación

Nombre _____

Encuesta de mascotas

María les preguntó a sus compañeros qué mascotas tenían. Hizo esta tabla.

Cantidad	
Peces	27
Gatos	30
Pájaros	8
Perros	39

1. ¿Cuántos **Peces** y **Gatos** tenían en total?

   Usa la recta numérica vacía para resolverlo.

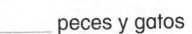

_____ peces y gatos

2. ¿Cuántos **Perros** y **Pájaros** tenían en total?

   Usa la tabla de 100 para sumar.

1	2	3	4	5	6	7	8	9	10
11	12	13	14	15	16	17	18	19	20
21	22	23	24	25	26	27	28	29	30
31	32	33	34	35	36	37	38	39	40
41	42	43	44	45	46	47	48	49	50
51	52	53	54	55	56	57	58	59	60
61	62	63	64	65	66	67	68	69	70
71	72	73	74	75	76	77	78	79	80
81	82	83	84	85	86	87	88	89	90
91	92	93	94	95	96	97	98	99	100

_____ + _____ = _____

_____ perros y pájaros

3. María les preguntó qué mascotas tenían a 18 estudiantes el lunes y a 17 estudiantes el martes.

¿A cuántos estudiantes les preguntó en total en los dos días?

Usa bloques de valor de posición para resolver el problema.

Dibuja los bloques que usaste.

_____ estudiantes

¿Necesitaste formar 10 cuando sumaste las unidades?

Explica tu respuesta.

_____

_____

_____

4. María suma otras mascotas a su tabla.

19 estudiantes de primer grado tienen un conejo.

24 estudiantes de segundo grado tienen un conejo.

¿Cuántos estudiantes en total tienen conejos?

Parte A

Dibuja bloques para resolver el problema.

Parte B

Escribe una ecuación que represente el cuento.

_____ ◯ _____ = _____ estudiantes

Usar modelos y estrategias para restar decenas

Pregunta esencial: ¿Cómo puedes usar lo que sabes sobre la resta para restar decenas?

Las personas desarrollan todo tipo de herramientas para resolver problemas y hacer su vida más fácil.

Algunas veces, las personas toman una herramienta que ya existe y solo la mejoran.

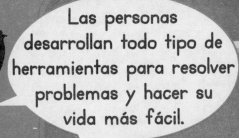

¡Qué interesante! Hagamos este proyecto para aprender más.

Proyecto de enVision STEM: Las herramientas resuelven problemas

Investigar Habla con tu familia y tus amigos sobre las diferentes herramientas que usamos para resolver problemas. Pregúntales sobre las herramientas que ellos usan en su vida diaria.

Diario: Hacer un libro Muestra lo que encontraste. En tu libro, también:

- dibuja herramientas que resuelvan problemas simples y asegúrate de describir cómo los resuelven.
- inventa y resuelve problemas de resta sobre herramientas.

Nombre _____

Repasa lo que sabes

A-Z **Vocabulario**

1. ¿Cuántas **decenas** hay en este número?

23

_____ decenas

2. Usa la **tabla de 100** para contar de 10 en 10.

1	2	3	4	5	6	7	8	9	10
11	12	13	14	15	16	17	18	19	20
21	22	23	24	25	26	27	28	29	30
31	32	33	34	35	36	37	38	39	40
41	42	43	44	45	46	47	48	49	50
51	52	53	54	55	56	57	58	59	60
61	62	63	64	65	66	67	68	69	70
71	72	73	74	75	76	77	78	79	80
81	82	83	84	85	86	87	88	89	90
91	92	93	94	95	96	97	98	99	100

30, 40, 50, _____, _____

3. Usa la **recta numérica vacía** para sumar.

$7 + 9 =$ _____

Contar hacia atrás para restar

4. Mario tomó 8 fotos. Julia tomó 3 fotos menos que Mario. Cuenta hacia atrás para hallar cuántas fotos tomó Julia.

8, _____, _____, _____

_____ fotos

5. Cora recogió 15 flores. Max recogió 13. Cuenta hacia atrás para hallar cuántas flores menos que Cora recogió Max.

15, _____, _____

_____ flores menos

Operaciones de resta

6. Halla las diferencias.

$12 - 4 =$ _____

$14 - 7 =$ _____

$19 - 9 =$ _____

450 cuatrocientos cincuenta

Copyright © Savvas Learning Company LLC. All Rights Reserved.

Tema 11

Nombre _____

PROYECTO
11A

¿Alguna vez has observado el dinero con detenimiento?

Proyecto: Estudia colecciones de monedas de 1¢

PROYECTO
11B

¿Dónde nacen las tortugas bebé?

Proyecto: Cuenta cuentos de resta sobre tortugas marinas

PROYECTO
11C

¿Cuál es tu sabor preferido de batido de fruta?

Proyecto: Arma un puesto de batidos de fruta

Representación matemática

Tantos colores

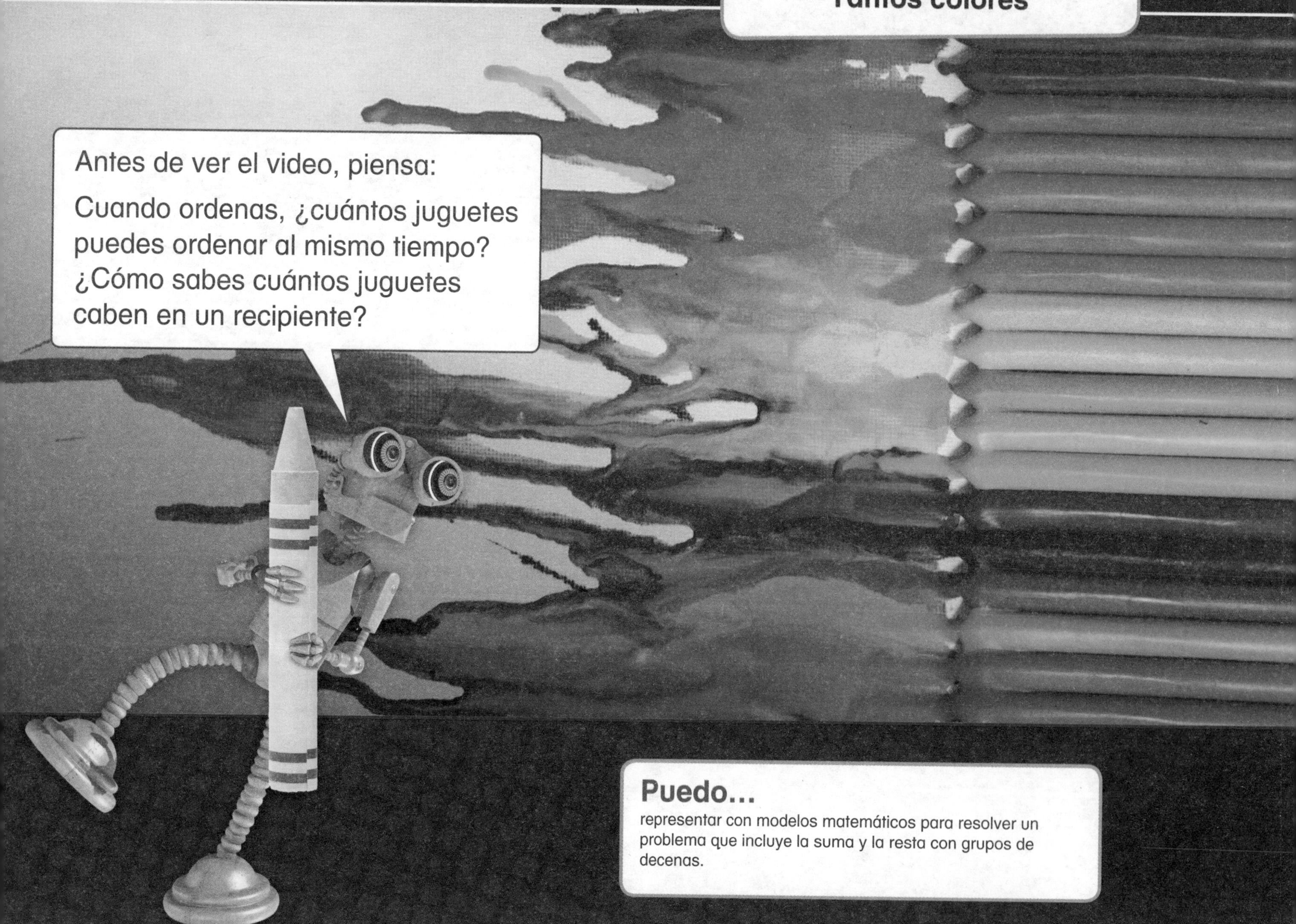

Antes de ver el video, piensa:

Cuando ordenas, ¿cuántos juguetes puedes ordenar al mismo tiempo? ¿Cómo sabes cuántos juguetes caben en un recipiente?

Puedo...

representar con modelos matemáticos para resolver un problema que incluye la suma y la resta con grupos de decenas.

Nombre _____

Resuélvelo y coméntalo

¿De qué manera pensar en 4 − 1 te ayuda a hallar la diferencia de 40 − 10? Usa bloques de valor de posición como ayuda.

Puedo...
usar modelos para restar decenas.

También puedo razonar sobre las matemáticas.

Sabes restar unidades.

$5 - 1 = \underline{4}$

> 5 decenas menos 1 decena es como restar 5 – 1.

Por tanto, puedes restar 1 decena de un grupo de decenas.

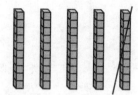

5 decenas – 1 decena = $\underline{4}$ decenas

5 decenas es 50.
1 decena es 10.

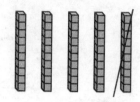

$50 - 10 = \underline{\quad}?$

> 5 decenas menos 1 decena es igual a 4 decenas.

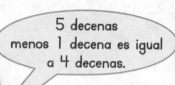

4 decenas es 40; por tanto,

$50 - 10 = \underline{40}$.

¡Convénceme! Cuando resuelves 40 – 10, ¿cómo cambia el dígito de las decenas? ¿Cómo cambia el dígito de las unidades?

Práctica guiada Escribe los números que completen las ecuaciones.

1.
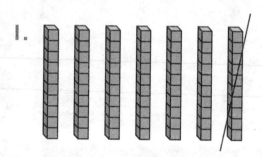

$\underline{7}$ decenas – $\underline{1}$ decena = $\underline{6}$ decenas

$\underline{70} - \underline{10} = \underline{60}$

2.
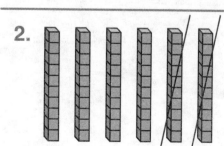

$\underline{\quad}$ decenas – $\underline{\quad}$ decenas = $\underline{\quad}$ decenas

$\underline{\quad} - \underline{\quad} = \underline{\quad}$

Tema 11 | Lección 1

Práctica independiente

Escribe los números que completen las ecuaciones.

3.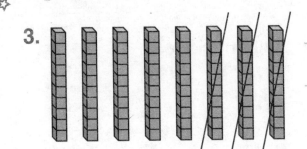

_____ decenas − _____ decenas = _____ decenas

_____ − _____ = _____

4.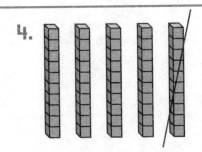

_____ decenas − _____ decena = _____ decenas

_____ − _____ = _____

5.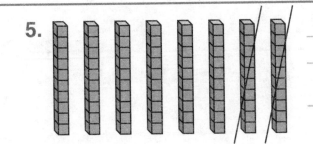

_____ decenas − _____ decenas = _____ decenas

_____ − _____ = _____

> Mira el dígito de las decenas.

6.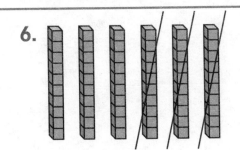

_____ decenas − _____ decenas = _____ decenas

_____ − _____ = _____

7. Entender Mario tiene 30 crayones. Regala 10. ¿Cuántos crayones tiene ahora?

Escribe la ecuación.

_____ – _____ = _____   _____ crayones

8. Álgebra Jacobo resolvió estos problemas. ¿Restó 1 o 10?

Completa las ecuaciones.

$50 - \boxed{} = 40$ $60 - \boxed{} = 59$

9. Razonamiento de orden superior Escribe y resuelve un problema-cuento para $90 - 10$.

---

10. ☑ **Práctica para la evaluación** 20 ositos de peluche estaban a la venta en la tienda. Ayer se vendieron 10.

¿Cuántos ositos de peluche están a la venta hoy?

    30   50   10   0

    Ⓐ   Ⓑ   Ⓒ   Ⓓ

Nombre _____

Resuélvelo y coméntalo

Usa la tabla de 100 para hallar las diferencias.

50 − 30 = ?   30 − 20 = ?   80 − 10 = ?

Explícalo.

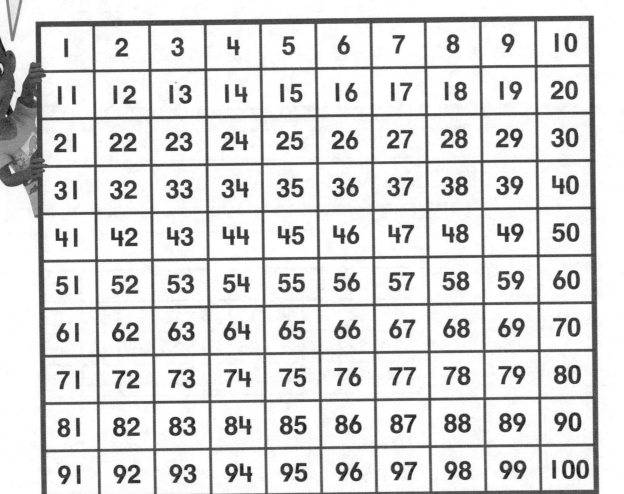

1	2	3	4	5	6	7	8	9	10
11	12	13	14	15	16	17	18	19	20
21	22	23	24	25	26	27	28	29	30
31	32	33	34	35	36	37	38	39	40
41	42	43	44	45	46	47	48	49	50
51	52	53	54	55	56	57	58	59	60
61	62	63	64	65	66	67	68	69	70
71	72	73	74	75	76	77	78	79	80
81	82	83	84	85	86	87	88	89	90
91	92	93	94	95	96	97	98	99	100

Lección 11-2

Restar decenas usando una tabla de 100

Puedo...

usar una tabla de 100 para restar múltiplos de 10 a números de 2 dígitos.

También puedo usar herramientas matemáticas correctamente.

Puedes usar una tabla de 100 para restar decenas. Halla 70 – 20.

41	42	43	44	45	46	47	48	49	50
51	52	53	54	55	56	57	58	59	60
61	62	63	64	65	66	67	68	69	70

70 – 20 = ___?___

Empieza en 70.

Por cada decena que restas, muévete 1 fila hacia arriba.

41	42	43	44	45	46	47	48	49	50
51	52	53	54	55	56	57	58	59	60
61	62	63	64	65	66	67	68	69	70

70 – 20 = __50__

20 son 2 decenas. Muévete 2 filas hacia arriba.

Revisa tu trabajo. Empieza en 70 y cuenta hacia atrás de 10 en 10.

__70__ , _60_ , _50_

Contar hacia atrás de 10 en 10 es como restar 10.

¡Convénceme! Halla 80 – 50 Explica cómo hallaste la diferencia.

Práctica guiada

Usa la tabla de 100 para restar. Debes estar listo para explicar tu trabajo.

1	2	3	4	5	6	7	8	9	10
11	12	13	14	15	16	17	18	19	20
21	22	23	24	25	26	27	28	29	30
31	32	33	34	35	36	37	38	39	40

1. 40 – 10 = __30__

2. 40 – 20 = _____

3. 30 – 20 = _____

4. 10 – 10 = _____

Tema 11 | Lección 2

Nombre _____

☆ Práctica independiente

Usa la tabla de 100 para restar.
Debes estar listo para explicar tu trabajo.

1	2	3	4	5	6	7	8	9	10
11	12	13	14	15	16	17	18	19	20
21	22	23	24	25	26	27	28	29	30
31	32	33	34	35	36	37	38	39	40
41	42	43	44	45	46	47	48	49	50
51	52	53	54	55	56	57	58	59	60
61	62	63	64	65	66	67	68	69	70
71	72	73	74	75	76	77	78	79	80
81	82	83	84	85	86	87	88	89	90
91	92	93	94	95	96	97	98	99	100

5. $50 - 30 =$ _____

6. $80 - 60 =$ _____

7. $30 - 30 =$ _____

8. $90 - 30 =$ _____

9. $70 - 20 =$ _____

10. $20 - 10 =$ _____

11. $60 - 30 =$ _____

12. $90 - 50 =$ _____

13. $90 - 40 =$ _____

14. $80 - 40 =$ _____

Álgebra Halla los números que faltan.

¡Puedes pensar en la suma para restar!

15. $30 -$ _____ $= 20$

16. _____ $- 30 = 10$

17. _____ $- 50 = 20$

18. $20 -$ _____ $= 0$

19. _____ $- 20 = 30$

20. $70 -$ _____ $= 30$

31	32	33	34	35	36	37	38	39	40
41	42	43	44	45	46	47	48	49	50
51	52	53	54	55	56	57	58	59	60
61	62	63	64	65	66	67	68	69	70

1	2	3	4	5	6	7	8	9	10
11	12	13	14	15	16	17	18	19	20
21	22	23	24	25	26	27	28	29	30
31	32	33	34	35	36	37	38	39	40

21. Usar herramientas Ciro lanzó una flecha hacia un objetivo 70 veces. No dio en el blanco 10 veces. ¿Cuántas veces dio en el blanco?

_____ – _____ = _____

_____ veces

22. Usar herramientas El equipo de básquetbol de Mónica anotó 40 puntos. Anotaron 10 puntos más que el otro equipo. ¿Cuántos puntos anotó el otro equipo?

_____ – _____ = _____

_____ puntos

23. Razonamiento de orden superior Encierra en un círculo cualquier número de la última fila de la tabla parcial de 100 anterior. Réstale 30 y escribe la ecuación.

_____ – _____ = _____

24. ☑ Práctica para la evaluación
Luis hizo 50 pastelitos para la venta de pasteles de su clase.
Luis vendió 10 pastelitos.
¿Cuántos pastelitos le quedaron?

Ⓐ 10

Ⓑ 20

Ⓒ 30

Ⓓ 40

Nombre _____

Resuélvelo y coméntalo

Muestra en esta recta numérica vacía cómo resolver 50 − 20. Debes estar listo para explicar tu trabajo.

Lección 11-3

Restar decenas usando una recta numérica vacía

Puedo...
usar una recta numérica vacía para resolver problemas de resta.

También puedo representar con modelos matemáticos.

$$50 - 20 = \underline{\hspace{1cm}}$$

Puedes usar una recta numérica vacía para restar decenas. Halla 70 – 30.

Empieza por marcar el número 70 en la recta numérica vacía.

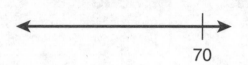

70

Usa el valor de posición. Piensa en 30 como 3 grupos de 10.

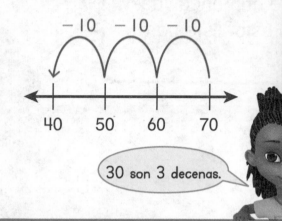

30 son 3 decenas.

Restar 3 decenas es lo mismo que restar 30.

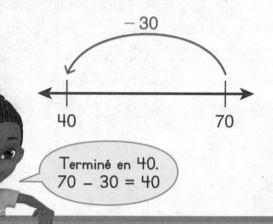

Terminé en 40.
70 – 30 = 40

¡Convénceme! ¿Cómo puedes usar una recta numérica vacía para restar decenas?

 **Práctica guiada**   Usa la recta numérica vacía para restar. Debes estar listo para explicar tu trabajo.

1. 30 – 20 = _____

–10   –10

10   20   30

2. 90 – 50 = _____

☆ **Práctica** ✦
independiente
✦
Usa las rectas numéricas vacías para restar.
Debes estar listo para explicar tu trabajo.

3. 70 − 20 = _____

4. 60 − 10 = _____

5. 80 − 30 = _____

6. 40 − 40 = _____

7. **Representar** Darío tiene 40 palillos. Usó 20. ¿Cuántos palillos le quedan por usar? Muestra tu trabajo.

_____ – _____ = _____   A Darío le quedan _____ palillos.

8. **Razonamiento de orden superior** Escribe una ecuación de lo que muestra esta recta numérica.

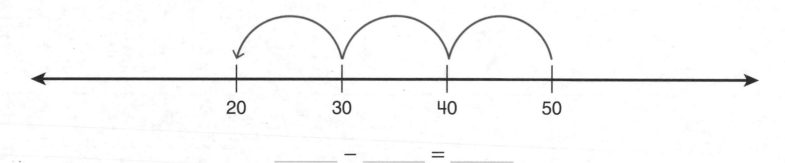

_____ – _____ = _____

9. ☑ **Práctica para la evaluación** Halla 80 – 20. Explica tu trabajo.

Resuélvelo y coméntalo

María tiene 70 calcomanías. Juan tiene 30 calcomanías. ¿Cuántas calcomanías más que Juan tiene María?

¿Puedes escribir una ecuación de suma y una ecuación de resta como ayuda para resolver el problema?

_____ + _____ = _____   _____ − _____ = _____

María tiene _____ calcomanías más.

Puedes usar la suma como ayuda para restar decenas. Halla 70 – 50 ¿Cuál es la diferencia?

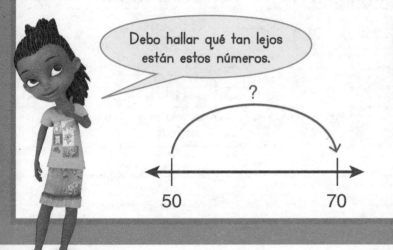

Debo hallar qué tan lejos están estos números.

?

50   70

Cuenta de 10 en 10 para hallar el número que falta.

$10 + 10 = 20$
Necesito sumar 20 a 50.

+10   +10

50   60   70

Usa el sumando que falta para resolver el problema de resta.

$50 + \underline{20} = 70$, por tanto,

$70 - 50 = \underline{20}$.

¡Convénceme! ¿Cómo te ayuda la suma a resolver los problemas de resta?

☆ **Práctica guiada** ☆   Usa la suma para resolver los problemas de resta. Muestra cómo hallaste el sumando que falta en la recta numérica vacía.

1. $40 + \underline{40} = 80$,

por tanto,

$80 - 40 = \underline{40}$.

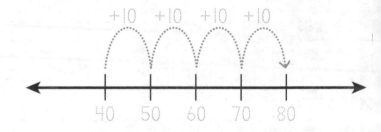

+10 +10 +10 +10

40   50   60   70   80

2. $30 + \underline{} = 90$,

por tanto,

$90 - 30 = \underline{}$.

☆ **Práctica** ☆
independiente   Usa la suma para resolver los problemas de resta. Muestra
cómo hallar el sumando que falta en la recta numérica vacía.

3. $20 +$ _____ $= 60$; por tanto,

   $60 - 20 =$ _____ .

4. $30 +$ _____ $= 80$; por tanto,

   $80 - 30 =$ _____ .

Usa la suma para resolver los problemas de resta.
Haz un dibujo para mostrar tu razonamiento.

5. $30 +$ _____ $= 50$, por tanto, $50 - 30 =$ _____ .

Puedo dibujar decenas para
mostrar el sumando que conozco
y el sumando que falta.

6. $60 +$ _____ $= 80$, por tanto, $80 - 60 =$ _____ .

7. **Razonar** El maestro Adame tiene 90 trabajos de sus estudiantes. Ya ha calificado 40. ¿Cuántos trabajos le faltan por calificar?

_____ ◯ _____ = _____

_____ trabajos

8. **Razonar** Sonia maneja 40 millas para llegar a su trabajo. Ya ha manejado algunas millas. Le faltan 20 millas para llegar a su trabajo. ¿Cuántas millas ya ha manejado Sonia?

_____ ◯ _____ = _____

_____ millas

9. **Razonamiento de orden superior**
Sam tiene 4 cajas de jugos. Cada una tiene 10 jugos. Sam comparte 3 cajas de jugos con sus compañeros de clase.

Escribe y resuelve una ecuación para mostrar cuántos jugos le quedan a Sam.

_____ – _____ = _____

_____ jugos

10. ☑ **Práctica para la evaluación**
La doctora Ríos tiene que ver a 20 pacientes hoy. Ya ha visto a 10. ¿Cuántos pacientes le faltan por ver?

Ⓐ 40

Ⓑ 30

Ⓒ 20

Ⓓ 10

Nombre _____

Resuélvelo y coméntalo

Supón que tienes 89 tarjetas.
¿Cuántas tarjetas serían 10 más?
¿Cuántas tarjetas serían 10 menos?

Puedo...
usar el cálculo mental para restar decenas a un número de dos dígitos.

También puedo buscar patrones.

Debes estar listo para explicar cómo lo sabes.

Ya has usado diferentes maneras de restar decenas. Halla 35 – 10.

Puedo usar un modelo como ayuda.

1	2	3	4	5	6	7	8	9	10
11	12	13	14	15	16	17	18	19	20
21	22	23	24	25	26	27	28	29	30
31	32	33	34	35	36	37	38	39	40

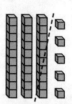

También puedes usar el cálculo mental para restar decenas. Cuando restas 10, el dígito de las decenas disminuye en 1.

Sé que 3 – 1 = 2. Por tanto, 35 – 10 = 25.

$35 - 10 = \underline{25}$

Resta 10 a estos números.

$46 - 10 = \underline{36}$

$78 - 10 = \underline{68}$

$95 - 10 = \underline{85}$

Recuerda que cuando restas decenas, solamente cambia el dígito de las decenas.

¡Convénceme! Explica por qué cambia solamente el dígito de las decenas cuando restas 76 menos 10.

⋆**Práctica guiada**⋆ Usa el cálculo mental para restar. Usa los marcos de 10 si es necesario.

1.

$26 - 10 = \underline{16}$

2.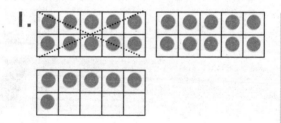

$32 - 10 = \underline{}$

3. $98 - 10 = \underline{}$

4. $44 - 10 = \underline{}$

Tema 11 | Lección 5

☆ Práctica independiente

Calcula mentalmente para resolver los problemas.

5. 53 – 10 = _____

6. 20 – 10 = _____

7. 32 – 10 = _____

8. 80 – 10 = _____

9. 17 – 10 = _____

10. 60 – 10 = _____

11. 47 – 10 = _____

12. 85 – 10 = _____

13. 11 – 10 = _____

14. Sentido numérico Usa el cálculo mental y los marcos de 10 para restar. Completa la ecuación relacionada de suma.

Piensa en cómo cambian los dígitos cuando restas decenas.

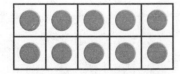

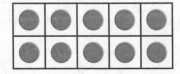
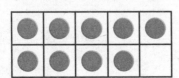

39 – 10 = _____

_____ + 10 = 39

15. **Razonar** Javier tiene 43 estampillas en su escritorio. Pone 10 en un cuaderno. ¿Cuántas estampillas le quedan?

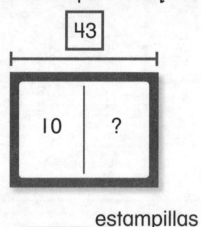

_____ estampillas

16. **Vocabulario** Elsa lleva 27 naranjas a su casa. Su familia se come 10. ¿Cuántas naranjas le quedan a Elsa? Halla la **diferencia**.

$27 - 10 =$ _____

_____ naranjas

17. **Razonamiento de orden superior** Escribe un cuento de resta sobre 56 – 10. Luego, resuelve tu cuento.

_____

_____

_____

$56 - 10 =$ _____

18. **Práctica para la evaluación** Usa el cálculo mental para hallar 44 – 10.

Ⓐ 54

Ⓑ 45

Ⓒ 43

Ⓓ 34

Resuélvelo y coméntalo Inventa una historia sobre 60 − 40.
Luego, resuelve el problema de resta.
Usa la estrategia que pienses que funciona mejor.

60 − 40 = _____

José quiere hallar 50 – 30. ¿Cuáles son algunas de las maneras de hallar la diferencia?

Conozco 3 maneras diferentes de resolver este problema de resta.

Una manera de resolver el problema es usar una tabla de 100.

11	12	13	14	15	16	17	18	19	20
21	22	23	24	25	26	27	28	29	30
31	32	33	34	35	36	37	38	39	40
41	42	43	44	45	46	47	48	49	50

50 – 30 = __20__

Otra manera es usar una recta numérica.

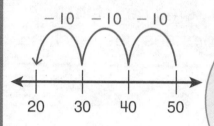

-10 -10 -10

20 30 40 50

50 – 30 = __20__

También puedes pensar en la suma para restar.

También puedes usar una tabla de 100 o una recta numérica para hallar el sumando que falta,

30 + __20__ = 50, por tanto, 50 – 30 = __20__.

¡**Convénceme!** ¿Qué estrategia usarías para resolver 50 – 40? Explica por qué.

☆**Práctica guiada**☆ Usa la parte de la tabla de 100 u otra estrategia para resolver los problemas de resta.

31	32	33	34	35	36	37	38	39	40
41	42	43	44	45	46	47	48	49	50
51	52	53	54	55	56	57	58	59	60
61	62	63	64	65	66	67	68	69	70

1. 70 – 10 = __60__

2. 60 – 20 = _____

3. 43 – 10 = _____

4. 70 – 30 = _____

Tema 11 | Lección 6

Nombre _____

☆ Práctica independiente

Usa la estrategia que creas que funciona mejor para resolver los problemas de resta. Explica tu razonamiento.

5. $90 - 40 =$ _____

6. $40 - 20 =$ _____

7. $80 - 60 =$ _____

8. $50 - 20 =$ _____

9. $74 - 10 =$ _____

10. $80 - 40 =$ _____

11. enVision® STEM Los estudiantes de una escuela plantan flores en un jardín.

Plantan 50 flores en una parte que recibe mucha luz solar.

Plantan 30 flores en una parte que tiene sombra.

¿Cuántas flores menos que en la parte que recibe sol plantaron en la parte que recibe sombra?

Escribe una ecuación para mostrar tu trabajo.

_____ – _____ = _____   _____ flores menos

12. Usar herramientas Carlos quiere pegar 83 tarjetas de béisbol en un álbum. Ya pegó 10.

¿Cuántas tarjetas de béisbol le faltan por pegar en el álbum?

_____ tarjetas

13. Usar herramientas El equipo de básquetbol de Pat anotó 50 puntos en un juego. En la primera mitad anotaron algunos puntos. En la segunda mitad anotaron 20 puntos.

¿Cuántos puntos anotó el equipo de Pat en la primera mitad del juego?

_____ puntos

14. Razonamiento de orden superior Escribe un problema de resta en el cual podrías pensar en la suma para restar. Explica por qué eso sería una buena estrategia para resolver el problema.

_____

_____

_____

15. ✓ Práctica para la evaluación Explica cómo usarías una tabla de 100 para resolver 60 − 20.

_____

_____

_____

_____

_____

Resuélvelo y coméntalo Valeria recogió 40 fresas. Le da 20 a su hermano. ¿Cuántas fresas le quedan?

¿Cómo te ayuda representar tu razonamiento a resolver este problema?

Puedo...
representar mi razonamiento para resolver problemas.

También puedo restar decenas.

Hábitos de razonamiento

¿Puedo usar dibujos, diagramas, tablas o gráficas para representar el problema? ¿Cómo puedo mejorar mi modelo si no funciona bien?

Neto tiene 70 manzanas verdes y 30 rojas.
¿Cuántas manzanas verdes más que rojas tiene Neto?

¿**Cómo puedo representar este problema?**

Puedo usar dibujos, objetos o ecuaciones para mostrar y resolver este problema. Luego, puedo decidir cuál funciona mejor.

Voy a hacer un dibujo y escribir una ecuación.

$70 - 30 = \underline{40}$

7 decenas − 3 decenas = 4 decenas

Neto tiene $\underline{40}$ manzanas verdes más.

¡También puedo mostrar mi trabajo de otra manera!

¡**Convénceme!** En el ejemplo anterior, ¿de qué manera los recuadros con 10 te ayudan a representar el problema?

Práctica guiada Usa dibujos, modelos o ecuaciones para resolver los problemas.

1. Una tienda tiene 60 pastelitos. Vende 30 de ellos. ¿Cuántos pastelitos quedan en la tienda?

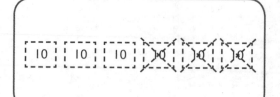

$\underline{30}$ pastelitos

2. Andy tiene 84 tarjetas de béisbol. Tiene 10 tarjetas más que Tina. ¿Cuántas tarjetas tiene Tina?

$\underline{\hspace{1cm}}$ tarjetas

Tema 11 | Lección 7

Nombre ______________________________ Herramientas Evaluación

☆ Práctica independiente ☆

Usa dibujos, modelos o ecuaciones para resolver los problemas. Explica tu trabajo.

3. Vero tiene 80 calcomanías. David tiene 60. ¿Cuántas calcomanías más que David tiene Vero?

_____ calcomanías más

4. Carla leyó algunas páginas de un libro. Leyó 20 páginas menos que María. María leyó 50 páginas. ¿Cuántas páginas leyó Carla?

_____ páginas

5. En una tienda había 72 carros de juguete. Se vendieron 10. ¿Cuántos carros de juguete quedaron en la tienda?

_____ carros

Pasear al perro Jaime, Emilia y Simón pasean perros después de la escuela.

Los lunes tienen que pasear 40 perros.
Jaime y Emilia pasean 20 perros.
¿Cuántos perros le faltan por pasear a Simón?

6. Entender ¿Qué problema necesitas resolver?

_____

_____

_____

7. Usar herramientas ¿Qué herramienta o herramientas puedes usar para resolver este problema?

_____

_____

_____

8. Representar Escribe una ecuación para mostrar el problema. Luego, usa dibujos, palabras o símbolos para resolverlo.

_____ $\bigcirc$ _____ = _____

_____ perros

Trabaja con un compañero. Necesitan papel y lápiz.
Cada uno escoge un color diferente: celeste o azul.

El compañero 1 y el compañero 2 apuntan a uno de los números negros al mismo tiempo. Resten el número del compañero 2 al número del compañero 1.

Si la respuesta está en el color que escogiste, anota una marca de conteo. Sigan la actividad hasta que uno de los compañeros tenga doce marcas de conteo.

Puedo...
sumar y restar hasta el 10.

También puedo construir argumentos matemáticos.

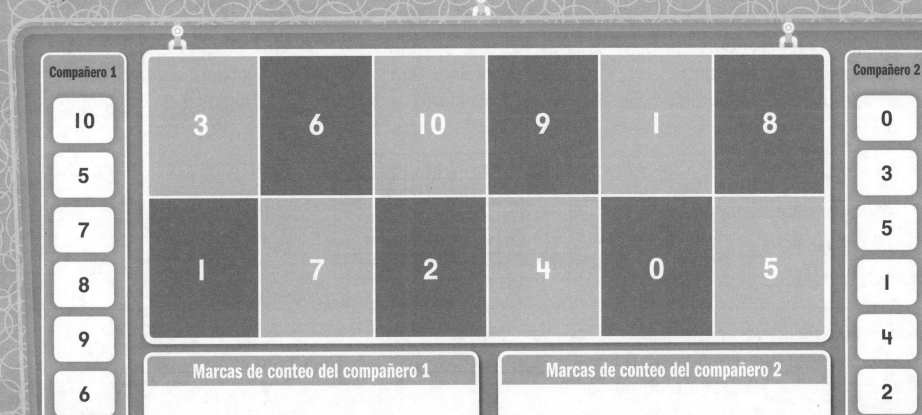

Compañero 1

| 10 |
| 5 |
| 7 |
| 8 |
| 9 |
| 6 |

| 3 | 6 | 10 | 9 | 1 | 8 |
| 1 | 7 | 2 | 4 | 0 | 5 |

Compañero 2

| 0 |
| 3 |
| 5 |
| 1 |
| 4 |
| 2 |

Marcas de conteo del compañero 1

Marcas de conteo del compañero 2

TEMA 11 | **Repaso del vocabulario**

Glosario

Lista de palabras
- decenas
- diferencia
- recta numérica vacía
- restar
- sumar
- tabla de 100

Comprender el vocabulario

1. Resta las decenas que muestra el modelo.

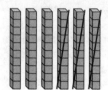

_____ decenas – _____ decenas

= _____ decenas

2. Resta las decenas que muestra el modelo.

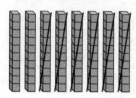

_____ decenas – _____ decenas

= _____ decenas

3. Encierra en un círculo la operación de suma que podría ayudarte a resolver 50 – 30.

10 + 40 = 50

25 + 25 = 50

30 + 20 = 50

40 + 10 = 50

4. Usa la parte de la tabla de 100 para resolver 40 – 20. Encierra en un círculo la diferencia.

1	2	3	4	5	6	7	8	9	10
11	12	13	14	15	16	17	18	19	20
21	22	23	24	25	26	27	28	29	30
31	32	33	34	35	36	37	38	39	40
41	42	43	44	45	46	47	48	49	50

5. Calcula mentalmente para resolver 70 – 10. Encierra en un círculo la diferencia.

40   50

60   70

Usar el vocabulario al escribir

6. Usa la recta numérica vacía para resolver 80 – 50. Usa palabras de la Lista de palabras para explicar cómo lo resolviste.

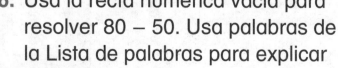

Nombre _____

Grupo A _____

Puedes restar decenas.

$$40 - 30 = \underline{\quad ? \quad}$$

Necesitas restar 30, que son 3 decenas.
Tacha esa cantidad de decenas.

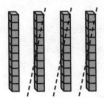

Cuenta las decenas y las unidades
que quedan.

$$40 - 30 = 10$$

Tacha las decenas y escribe
la diferencia.

1.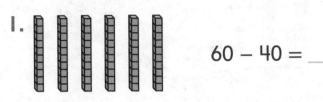

$$60 - 40 = \underline{\qquad}$$

2.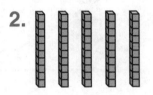

$$50 - 20 = \underline{\qquad}$$

Grupo B _____

Puedes usar la tabla de 100 para
restar decenas.

$$80 - 20 = \underline{\quad ? \quad}$$

51	52	53	54	55	56	57	58	59	60
61	62	63	64	65	66	67	68	69	70
71	72	73	74	75	76	77	78	79	80

$$80 - 20 = 60$$

Usa esta parte de la tabla de 100
para restar decenas.

41	42	43	44	45	46	47	48	49	50
51	52	53	54	55	56	57	58	59	60
61	62	63	64	65	66	67	68	69	70

3. $70 - 20 = \underline{\qquad}$ **4.** $60 - 10 = \underline{\qquad}$

Puedes usar el cálculo mental para restar decenas. Halla 46 − 10.

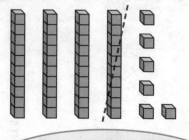

4 decenas − 1 decena = 3 decenas.
Por tanto, 46 − 10 = 36.

Resta. Usa el cálculo mental.

5. 62 − 10 = _____

6. 89 − 10 = _____

7. 27 − 10 = _____

Grupo D

Hábitos de razonamiento

Representar con modelos matemáticos

¿Puedo usar dibujos, diagramas, tablas o gráficas para representar el problema?

¿Cómo puedo mejorar mi modelo si no funciona bien?

Escribe una ecuación para resolver el problema. Usa dibujos o modelos para mostrar tu trabajo.

8. Había 50 barcos de juguete en una juguetería. Se vendieron 10. ¿Cuántos barcos de juguete hay ahora en la juguetería?

_____ barcos de juguete

Nombre _____

1. Usa la parte de la tabla de 100 para restar decenas.

41	42	43	44	45	46	47	48	49	50
51	52	53	54	55	56	57	58	59	60
61	62	63	64	65	66	67	68	69	70

$70 - 20 =$ _____

Ⓐ 70　　　　Ⓑ 60　　　　Ⓒ 50　　　　Ⓓ 40

---

2. Usa los bloques de valor de posición para hallar la diferencia.

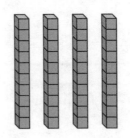

$40 - 30 =$ _____

Ⓐ 10　　　　Ⓑ 20　　　　Ⓒ 30　　　　Ⓓ 40

---

3. Usa la recta numérica vacía para resolver el problema. Muestra tu trabajo. Explica cómo usaste la recta numérica para hallar la respuesta.

$60 - 20 =$ _____

_____

_____

_____

4. Resuelve el problema. Usa cualquier estrategia. Explica por qué escogiste esa estrategia. Escribe una ecuación de suma para comprobar tu respuesta.

$$70 - 60 = \underline{\hspace{1cm}}$$

_____

_____

_____

Usa el cálculo mental para resolver el problema. Luego, escribe una ecuación de suma para comprobar tu respuesta.

5. $23 - 10 =$ _____

6. $94 - 10 =$ _____

7. $51 - 10 =$ _____

Usa la suma para resolver los problemas de resta.

8. $50 + \underline{\hspace{1cm}} = 80$, por tanto,

$80 - 50 = \underline{\hspace{1cm}}$.

9. $20 + \underline{\hspace{1cm}} = 60$, por tanto,

$60 - 20 = \underline{\hspace{1cm}}$.

10. Había 90 trineos en una tienda. Se vendieron 30. ¿Cuántos trineos quedan en la tienda?

Escribe una ecuación para resolver el problema. Usa dibujos o modelos para mostrar tu trabajo.

_____ trineos

Tema 11 | Práctica para la evaluación

La granja de Ramón

Ramón vende verduras de su granja en paquetes de 10.

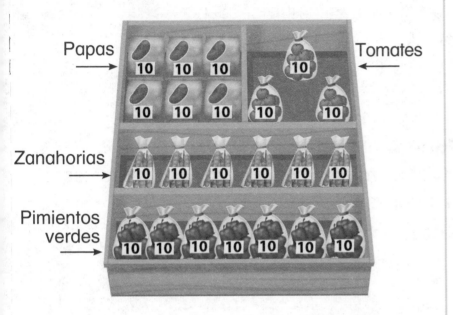

Papas

Tomates

Zanahorias

Pimientos verdes

1. Ramón vende 3 paquetes de pimientos verdes. ¿Cuántos pimientos verdes le quedan por vender?

Usa la recta numérica vacía para resolver el problema.

_____ pimientos verdes

2. Ramón le da de comer 10 zanahorias a su caballo. ¿Cuántas zanahorias le quedan?

_____ zanahorias

3. Ramón vendió 30 papas el lunes. El resto de las papas las vendió el martes. ¿Cuántas papas vendió el martes?

Usa esta parte de la tabla de 100 para resolver el problema. Escribe los números que faltan en la ecuación.

21	22	23	24	25	26	27	28	29	30
31	32	33	34	35	36	37	38	39	40
41	42	43	44	45	46	47	48	49	50
51	52	53	54	55	56	57	58	59	60
61	62	63	64	65	66	67	68	69	70
71	72	73	74	75	76	77	78	79	80

_____ ◯ _____ = _____

_____ papas

4. Dora compró 4 paquetes de zanahorias en la granja. Usó 10 zanahorias para hacer una sopa. ¿Cuántas zanahorias le quedan?

Usa una de las estrategias que aprendiste para resolver el problema. Muestra cómo resolviste el problema.

- recta numérica
- tabla de 100
- pensar en la suma para restar
- bloques

_____ zanahorias

5. Tim compra 36 verduras. Lina compra 10 verduras menos que Tim. ¿Cuántas verduras compra Lina?

- dibujos
- bloques
- tabla de 100
- recta numérica
- otra herramienta

Puedes usar estas herramientas.

Parte A

¿Qué estrategia podrías usar para resolver el problema?

_____

_____

Parte B

Escribe una ecuación y resuelve el problema. Muestra cómo lo resolviste.

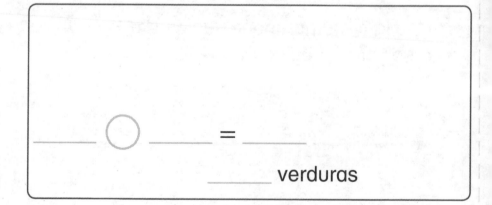

_____ ◯ _____ = _____

_____ verduras

TEMA 12 · Medir longitudes

Pregunta esencial: ¿De qué maneras se puede medir la longitud de un objeto?

La gente no puede ver en la oscuridad.

Algunos animales pueden producir luz o brillar en la oscuridad.

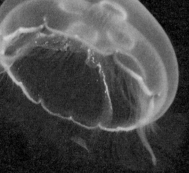

¡Qué interesante! Hagamos este proyecto para aprender más.

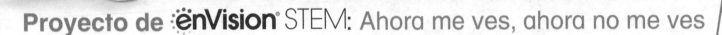

Proyecto de enVision STEM: Ahora me ves, ahora no me ves

Investigar Habla con tus amigos y tu familia sobre los animales que se pueden ver en la oscuridad. Pregúntales cómo es que algunos animales pueden brillar por sí mismos en la oscuridad.

Diario: Hacer un libro Muestra lo que encontraste. En tu libro, también:
• haz dibujos de animales que brillen en la oscuridad.
• piensa en cómo podrías medirlos.

Nombre _____

Repasa lo que sabes

(A-Z) Vocabulario

1. Encierra en un círculo el número que es **menor que** la cantidad de cubos.

   3   5   8

2. Encierra en un círculo el número que es **mayor que** la cantidad de cubos.

   1   3   5

3. Encierra en un círculo el símbolo que se usa para **comparar** dos números.

   +   –   >

Comparar números

4. Escoge dos números que hagan verdadera la oración.

   _____ es menor que _____.

5. Carlos tiene 9 calcomanías. Pati tiene 5 calcomanías. Escribe estos números y el símbolo para comparar las cantidades.

   ___ ◯ ___

Contar

6. Escribe los números que faltan.

   6, 7, 8, _____, _____, 11, _____

Nombre _____

PROYECTO 12A

¿Has visto un castillo verdadero alguna vez?

Proyecto: Construye castillos

PROYECTO 12B

¿Has visto una hoja así de grande alguna vez?

Proyecto: Haz un cartel sobre hojas

PROYECTO
12C

¿Cómo puedes medir sin usar una regla o una cinta de medir?

Proyecto: Reúne datos de medición

PROYECTO
12D

¿A dónde te gustaría ir de campamento?

Proyecto: Construye una carpa

 Tema 12 | Escoge un proyecto

Resuélvelo y coméntalo ¿Puedes poner estos objetos en orden del más largo al más corto? ¿Cómo puedes saber si un objeto es más largo que otro objeto?

Comparar y ordenar según la longitud

Puedo...
ordenar objetos de acuerdo con su longitud.

También puedo hacer mi trabajo con precisión.

El más largo	
El más corto	

Puedes acomodar los gusanos en orden de acuerdo con su **longitud**.

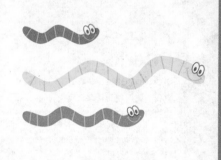

El gusano amarillo es **más largo** que el gusano rojo y el gusano azul.

> El gusano amarillo es el más largo.

El gusano rojo es **más corto** que el gusano azul.

el más largo

> El gusano rojo es el más corto.

Ahora los gusanos están en orden del más largo al más corto.

el más largo

el más corto

¡Convénceme! Usa las frases "más corto" y "el más corto" para describir dos de los gusanos anteriores.

Práctica guiada

Dibuja líneas para mostrar qué objeto es el más largo y cuál es el más corto.

1. el más largo

   el más corto

2. el más largo

   el más corto

⭐ Práctica independiente

Dibuja líneas para mostrar cuál es el objeto más largo y cuál es el más corto.

3. el más largo

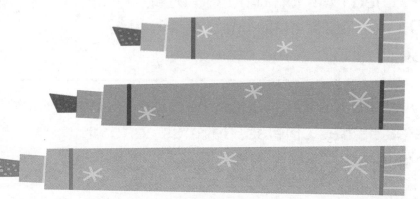

el más corto

4. el más largo

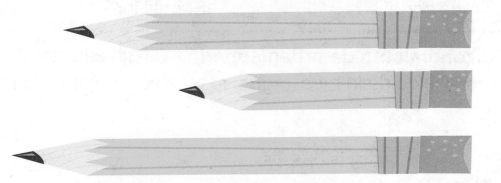

el más corto

A-Z Vocabulario Usa las siguientes pistas sobre la **longitud** para colorear los crayones.

5. El crayón anaranjado es **el más corto**.
El crayón azul es **más largo** que el
crayón verde.

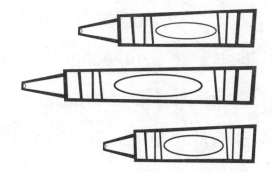

6. Hacerlo con precisión Tomás pintó una línea más larga que la azul. ¿De qué color es la línea que pintó? Usa el dibujo como ayuda.

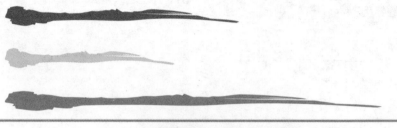

_____

7. Compara las longitudes. Escribe los nombres de estos tres objetos, del más corto al más largo.

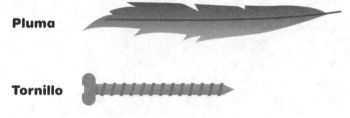

Pluma

Tornillo

Lápiz

_____   _____

El más corto   El más largo

8. Razonamiento de orden superior Dibuja 3 líneas de diferentes longitudes y ordénalas de la más larga a la más corta. Rotula la línea más corta y la más larga.

9. ☑ **Práctica para la evaluación** ¿Cuál de estas listas muestra el orden del más largo al más corto?

Ⓐ Bolígrafo azul, bolígrafo rojo, bolígrafo verde

Ⓑ Bolígrafo rojo, bolígrafo azul, bolígrafo verde

Ⓒ Bolígrafo verde, bolígrafo azul, bolígrafo rojo

Ⓓ Bolígrafo rojo, bolígrafo verde, bolígrafo azul

Resuélvelo y coméntalo

¿Cómo puedes saber si es más largo el zapato o el lápiz sin ponerlos uno al lado del otro? ¿Qué puedes usar? Encierra en un círculo el objeto más largo y explica cómo lo supiste.

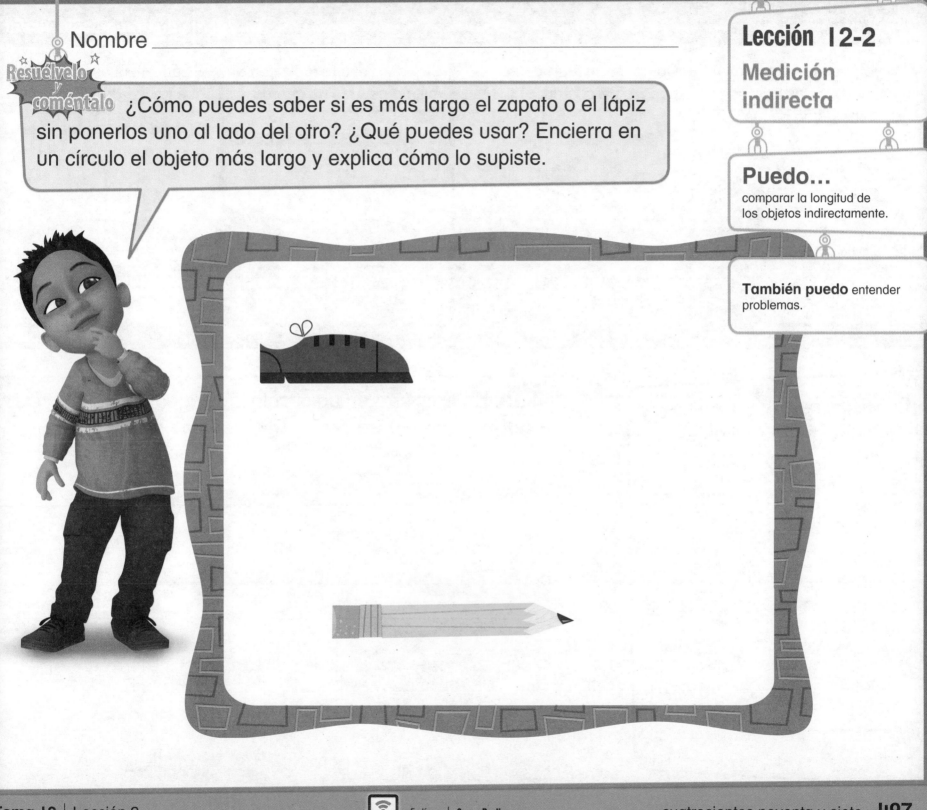

¿Cómo puedes comparar la longitud de dos lápices cuando no están juntos?

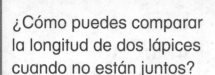

Puedes comparar cada lápiz con un tercer objeto.

Compara un lápiz con un pedazo de cuerda.

Este lápiz es más corto que la cuerda.

Compara el otro lápiz con el mismo pedazo de cuerda.

Este lápiz es más largo que la cuerda.

El lápiz azul es más corto que la cuerda.

El lápiz rojo es más largo que la cuerda.

Por tanto, el lápiz rojo es más largo que el lápiz azul.

¡Convénceme! ¿Cuál de las imágenes anteriores es el objeto más largo? ¿Cómo lo sabes?

☆ Práctica guiada ☆

Encierra en un círculo la imagen del objeto más largo. Usa el crayón rojo como ayuda.

1.

2.

☆ **Práctica independiente** ☆   Encierra en un círculo la imagen del objeto más largo. Usa la cuerda anaranjada como ayuda.

3. **rana**	**hoja**	4. **tijeras**	**engrapadora**

_____   _____   _____   _____

5. **libro**	**pasta de dientes**	6. **pasta de dientes**	**engrapadora**

 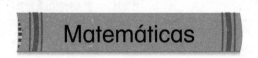     

Matemáticas

_____   _____   _____   _____

7. **Razonamiento de orden superior** Usa las imágenes de los objetos en los Ejercicios 5 y 6 para completar las oraciones.

El libro es más largo que la _____.

La pasta de dientes es más larga que la _____.

Por tanto, el libro es _____ que la engrapadora.

8. **Entender** Usa las pistas para averiguar el nombre de cada perro. Escribe el nombre debajo de cada perro.

Pistas

- Tango es más alto que Bongo.
- Turbo es más bajo que Bongo.

| Bongo |
| Turbo |
| Tango |

¿Qué plan tengo para resolver el problema? ¿Cómo me puedo asegurar de que mi respuesta tiene sentido?

9. **Razonamiento de orden superior** Fede tiene dos crayones y un pedazo de cuerda. Explica cómo puede decidir qué crayón es más largo sin ponerlos uno al lado del otro.

10. ☑ **Práctica para la evaluación** Encierra en un círculo la llave más larga. Usa la cuerda azul como ayuda.

Nombre ______________________________

Resuélvelo y coméntalo ¿Cómo puedes usar clips pequeños para medir el lápiz? ¿Cómo puedes usar clips grandes para medir el lápiz?

Lección 12-3
Usar unidades para medir longitudes

Puedo...
usar objetos pequeños para medir la longitud de un objeto más grande.

También puedo escoger y usar herramientas matemáticas correctamente.

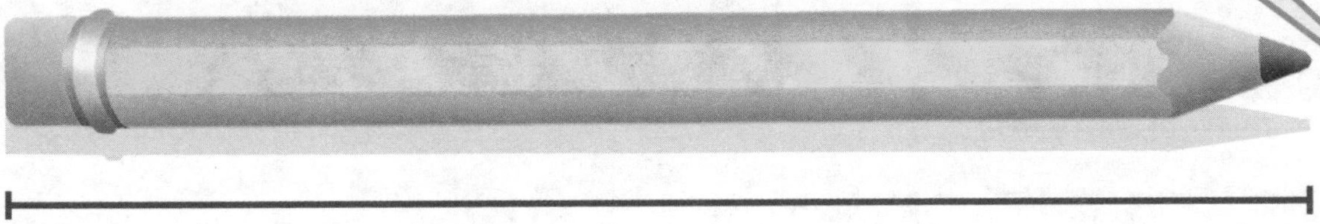

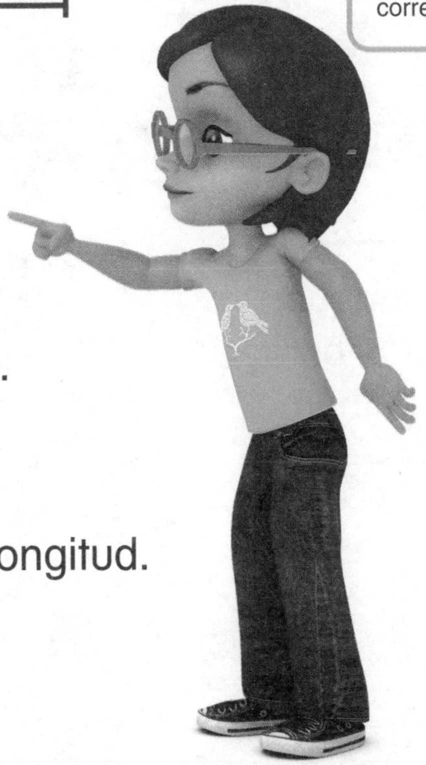

El lápiz mide aproximadamente ________ 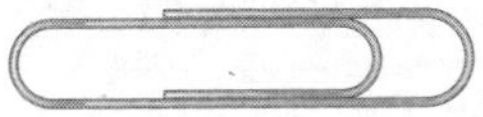 de longitud.

El lápiz mide aproximadamente ________ 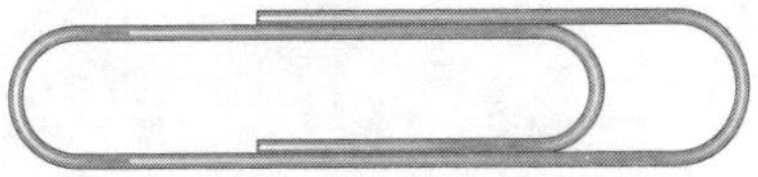 de longitud.

Aprendizaje visual A-Z Glosario

Usa objetos, o unidades de longitud, que tengan exactamente el mismo tamaño. No dejes espacios ni superposiciones.

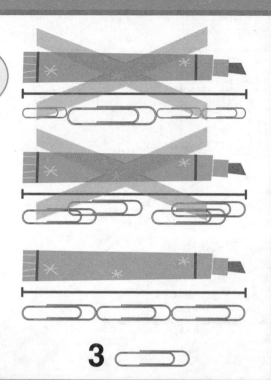

3 ⬯

Puedes usar un objeto diferente para medir, por ejemplo, cubos que sean todos del mismo tamaño.

4

¡Convénceme! ¿Por qué tienes que alinear el borde de los cubos con el borde del marcador?

Práctica guiada Usa cubos para medir la longitud.

1.
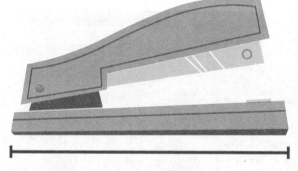

4

2.

Nombre _____

☆ Práctica ☆ independiente

Usa cubos para medir la longitud.

3.

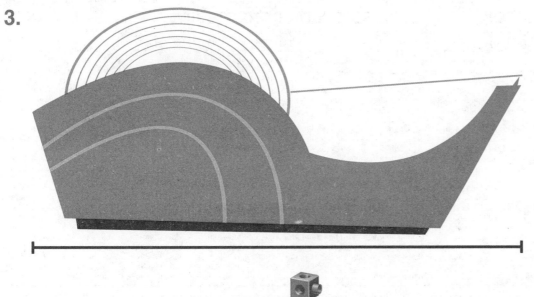

4.

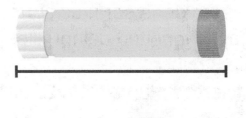

5. Encierra en un círculo la manera correcta de medir. Luego, di cuánto mide el crayón.

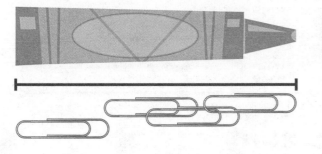

6. Un pedazo de madera tiene un grosor de 3 cubos. Un tornillo que se usará en la madera debe ser más corto que 3 cubos. Mide la longitud del tornillo. ¿Es más corto que 3 cubos?
Encierra en un círculo **Sí** o **No**.

Sí   No

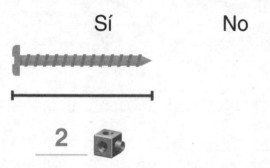

2

7. Dibuja un tren que sea más largo que 3 cubos pero más corto que 6 cubos. Luego, usa cubos para medir.

Mi tren mide aproximadamente _____ de longitud.

8. Razonamiento de orden superior Kate y Tim usan clips para medir la misma pluma. Kate dice que la pluma mide 4 clips de longitud. Tim dice que la pluma mide 6 clips de longitud. Explica cómo podrían tener razón los dos.

9. ☑ **Práctica para la evaluación** ¿Cuál **NO** es la longitud correcta del marcador que se muestra? Escoge tres que apliquen.

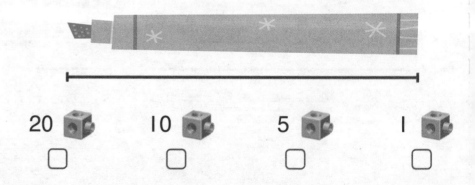

20 ☐   10 ☐   5 ☐   I ☐

Nombre _____

Resuélvelo y coméntalo Escoge una o más de estas herramientas para medir la longitud de la vía. ¿Aproximadamente cuánto mide? Encierra en un círculo las herramientas que usaste.

Puedo…
escoger una herramienta apropiada y usarla para medir un objeto dado.

También puedo medir la longitud de objetos rectos y curvos.

Hábitos de razonamiento

¿Qué herramientas puedo usar?

¿Podría usar una herramienta distinta?

La vía mide aproximadamente _____ de longitud.

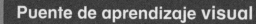
Puente de aprendizaje visual

¿Cómo puedes medir la longitud de un objeto que **no** es recto?

¿Qué herramientas puedo usar?

Puedes estirar la cuerda o el limpiapipas y luego unir las pajillas para medir su longitud.

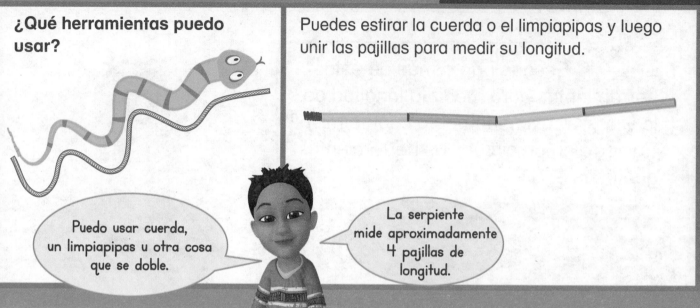

Puedo usar cuerda, un limpiapipas u otra cosa que se doble.

La serpiente mide aproximadamente 4 pajillas de longitud.

¡Convénceme! ¿De qué manera te puede ayudar una cuerda a medir la longitud de la serpiente?

Práctica guiada

Encierra en un círculo si necesitas solo pajillas o pajillas y una cuerda para medir la longitud de cada objeto. Luego, mide.

1. pajillas   (cuerda y pajillas)

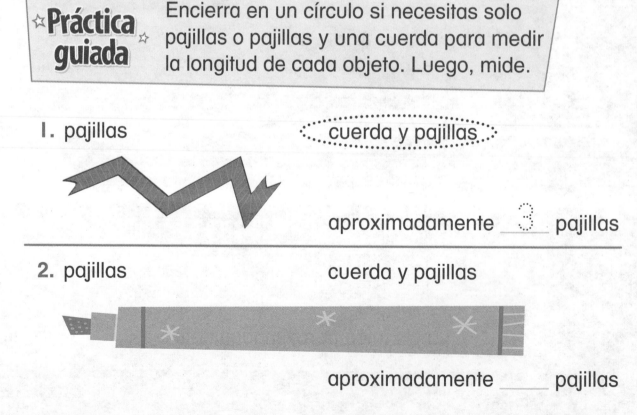

aproximadamente ___3___ pajillas

2. pajillas   cuerda y pajillas

aproximadamente _____ pajillas

Herramientas Evaluación

☆ Práctica ☆
independiente

Encierra en un círculo si necesitas solo pajillas o pajillas y una cuerda para medir la longitud de cada objeto. Luego, mide.

3. pajillas   cuerda y pajillas

aproximadamente _____ pajillas

4. pajillas   cuerda y pajillas

aproximadamente _____ pajillas

5. pajillas   cuerda y pajillas

aproximadamente _____ pajilla

6. pajillas   cuerda y pajillas

aproximadamente _____ pajillas

Resolución de problemas

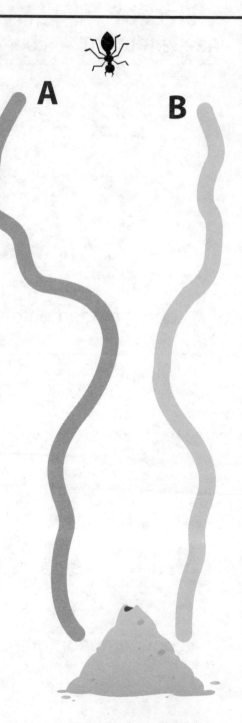

Caminos de hormigas

Kate quiere saber qué camino al hormiguero es más largo.

7. **Usar herramientas** Encierra en un círculo la herramienta o herramientas que Kate debería usar para medir.

pajillas   cuerda y pajillas

8. **Explicar** Explica por qué escogiste esa opción.

_____

_____

_____

_____

9. **Usar herramientas** Mide cada camino. ¿Cuál es más largo?

El camino A mide aproximadamente _____ pajillas de longitud.

El camino B mide aproximadamente _____ pajillas de longitud.

El camino _____ es más largo.

     Tema 12 | Lección 4

Nombre _____

Emparéjalo

Trabaja con un compañero. Señala una pista y léela.

Mira la tabla de la parte de abajo de la página y busca la pareja de esa pista. Escribe la letra de la pista en la casilla que corresponde.

Halla una pareja para cada pista.

Puedo... sumar y restar hasta el 10.

También puedo construir argumentos matemáticos.

Pistas

A	$8 + 1$
B	$4 + 4$
C	$8 - 3$
D	$8 - 7$

E	$8 - 1$
F	$1 + 1$
G	$4 + 2$
H	$1 + 3$

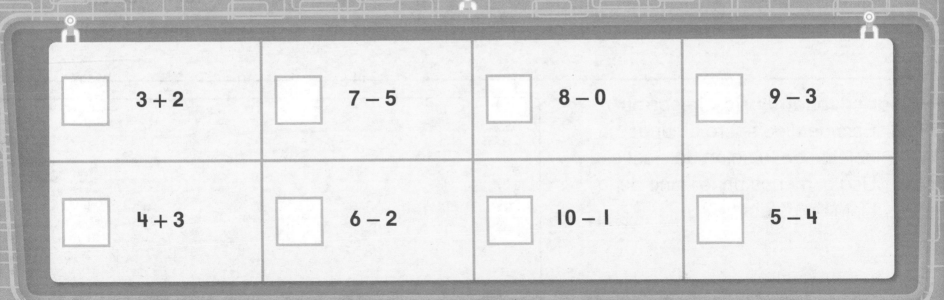

| ☐ $3 + 2$ | ☐ $7 - 5$ | ☐ $8 - 0$ | ☐ $9 - 3$ |
| ☐ $4 + 3$ | ☐ $6 - 2$ | ☐ $10 - 1$ | ☐ $5 - 4$ |

Repaso del vocabulario

A-Z
Glosario

Lista de palabras
- el más corto
- el más largo
- longitud
- más corto
- más largo
- medir

Comprender el vocabulario

1. Completa el espacio en blanco.

Puedo usar objetos del mismo tamaño para _____ para averiguar cuánto mide algo.

2. Completa el espacio en blanco.

La _____ de un objeto se debe medir con unidades del mismo tamaño.

3. Encierra en círculos las líneas que son más largas que esta. _____

_____

_____

_____

4. Encierra en un círculo la línea más corta.

_____

_____

_____

5. Tacha la herramienta que **NO** se puede usar para medir la longitud.

cubos

tabla numérica

cuerda y pajillas

Usar el vocabulario al escribir

6. Escribe algo sobre algunos objetos de tu salón de clases. Usa al menos un término de la Lista de palabras.

Nombre _____

Grupo A

Puedes hallar el objeto más largo.

el más largo

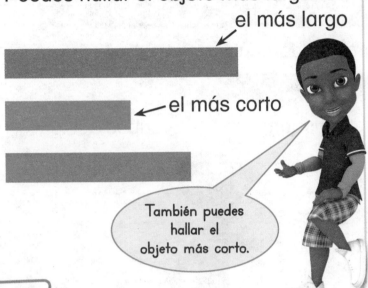

el más corto

También puedes hallar el objeto más corto.

Encierra en un círculo la línea más larga en cada grupo. Encierra en un cuadrado la línea más corta en cada grupo.

1.

2.

Grupo B

Puedes comparar las longitudes de dos objetos que no están uno al lado del otro usando un tercer objeto.

El clip es más corto que el borrador. El lápiz es más largo que el borrador. Por tanto, el lápiz es más largo que el clip.

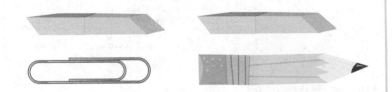

Encierra en un círculo el objeto más largo. Usa el objeto rojo como ayuda.

3.

4.

Puedes usar objetos del mismo tamaño para medir la longitud de un objeto.

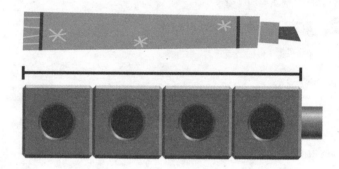

El marcador mide aproximadamente ___4___ cubos.

Usa cubos para medir.

5.

Aproximadamente _____ cubos

6.

Aproximadamente _____ cubos

Asegúrate de alinear el borde de los cubos con el borde del marcador al medir.

Hábitos de razonamiento

Usar herramientas

¿Qué herramienta puedo usar como ayuda para resolver el problema?

¿Puedo usar una herramienta diferente? ¿Por qué?

Escoge la herramienta o las herramientas que puedes usar para medir el objeto. Luego, mide su longitud.

7. pajillas   cuerda y pajillas

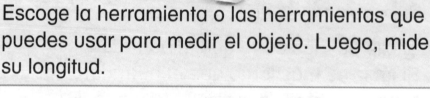

Aproximadamente _____ pajillas

Nombre _____

1. ¿Qué herramienta usarías para medir la longitud de la imagen?

_____

2. ¿Cuál es la longitud del zapato en clips?

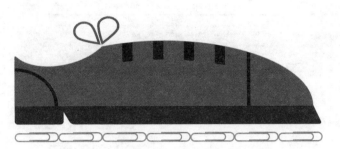

_____

3. ¿Qué palabras describen la línea roja?

Ⓐ La más corta

Ⓑ La del medio

Ⓒ La más pequeña

Ⓓ La más larga

4. ¿Cuál es la longitud del cuaderno en cubos?

_____ cubos

5. Escoge tres enunciados que sean verdaderos sobre la siguiente imagen.

☐ La pluma mide 7 cubos.

☐ La pluma está correctamente medida.

☐ La pluma mide 8 cubos.

☐ El extremo derecho de la pluma está en el cubo 7.

☐ El extremo derecho de la pluma está en el cubo 8.

6. ¿Qué oraciones son verdaderas acerca de las líneas? Selecciona 2 que apliquen.

☐ La línea azul es la más corta.

☐ La línea azul es más larga que la amarilla.

☐ La línea roja es la más corta.

☐ La línea amarilla es más larga que la línea azul.

☐ La línea amarilla es la más larga.

Encierra en un círculo el objeto más corto. Usa el objeto rojo como ayuda. Explícalo.

7.

8.

Nombre _____

Útiles escolares

Sofía usa varios útiles en la escuela.

1. ¿Cuál es el lápiz más largo?
   Encierra en un círculo el color del lápiz.
   ¿Cuál es el lápiz más corto?
   Tacha el color del lápiz.

amarillo   rojo   azul

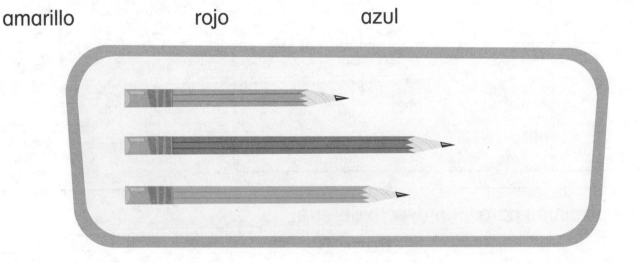

2. ¿Qué objeto es más largo, la barra de pegamento o el borrador?
   Encierra en un círculo ese objeto. Usa el crayón anaranjado como ayuda.

3. Sofía hace un marcapáginas. Necesita una tira de papel que mida más de 8 cubos.

Usa cubos. ¿Puede usar Sofía esta cinta de papel?

Encierra en un círculo **Sí** o **No**.   **Sí**   **No**

Explica tu respuesta.

---

4. Sofía usa las siguientes dos cintas para su proyecto de arte.

Parte A

¿Qué herramientas usarías para medir cada cinta? Explícalo.

Parte B

Usa herramientas para medir la longitud de cada cinta.

Aproximadamente ____ pajillas    Aproximadamente ____ pajillas

La hora y el dinero

Pregunta esencial: ¿Cuáles son los valores de las monedas y cuáles son las diferentes maneras de decir la hora?

Los instrumentos musicales pueden producir diferentes sonidos.

Casi todos estos sonidos se producen cuando una parte del instrumento vibra.

¡Qué interesante! Hagamos este proyecto para aprender más.

Proyecto de ënVision STEM: El sonido de la vibración

Investigar Habla con tu familia y tus amigos sobre los sonidos que producen los diferentes instrumentos musicales. Pregúntales si saben qué parte del instrumento vibra para producir el sonido.

Diario: Hacer un libro Muestra lo que encontraste. En tu libro, también:
- haz dibujos de diferentes instrumentos musicales.
- encierra en un círculo o resalta la parte del instrumento que vibra para producir sonido.

Nombre _____

Repasa lo que sabes

A-Z Vocabulario

1. **Cuenta** para hallar los números que faltan.

28, 29, _____, _____,

32, _____, 34, _____

2. Encierra en un círculo el número que está en el lugar de las **unidades**.

1 2

3. Escribe los números que faltan para completar el **patrón**.

Decenas	Unidades
3	3
1	
	33

Contar

4. Cuenta de 1 en 1 para hallar los números que faltan.

47, 48, _____, _____,

_____, 52, 53, _____

5. Cuenta de 10 en 10 para hallar los números que faltan.

_____, 20, 30, _____,

_____, _____

Usar herramientas para contar

6. Usa lo que sabes sobre contar en una tabla de 100 para hallar los números que faltan.

31	32	33	34		36	37	38	39	
41	42	43	44		46	47	48	49	
51	52	53	54		56	57	58	59	

518 quinientos dieciocho

Copyright © Savvas Learning Company LLC. All Rights Reserved.

Tema 13

Nombre _____

PROYECTO
13A

¿Cuáles son tus libros favoritos de la biblioteca?

Proyecto: Lleva un registro de lectura

PROYECTO
13B

¿De dónde vienen todas estas monedas?

Proyecto: Haz un cartel de monedas

PROYECTO
13C

¿Te gustaría trabajar en una tienda?

Proyecto: Juega a la tienda

MATEMÁTICAS EN 3 ACTOS: VISTAZO

Representación matemática

Secado por goteo

Video

Antes de ver el video, piensa:
¿De qué maneras se puede vaciar una cubeta? ¿Cuál es la manera más rápida? ¿Cuál es la más lenta? ¿Cómo lo sabes?

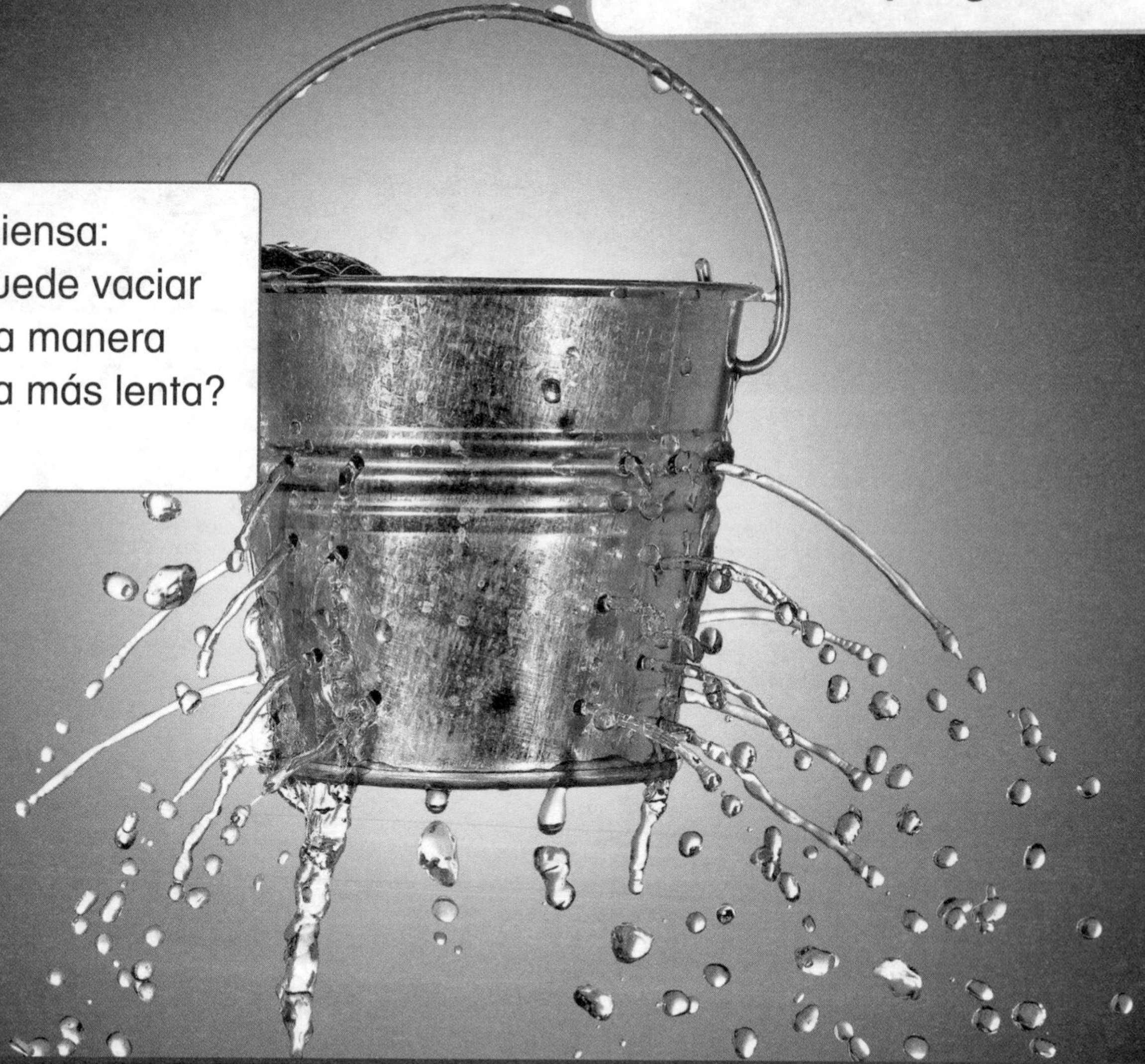

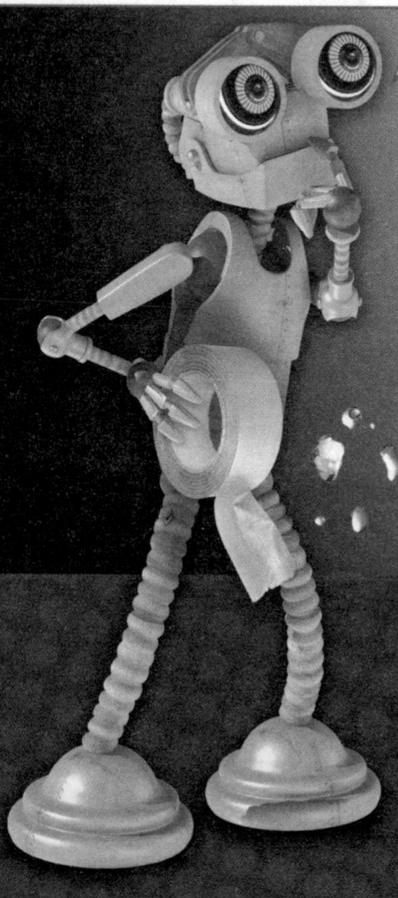

Puedo...

representar con modelos matemáticos para resolver un problema sobre la hora y la medición.

Nombre _____

Resuélvelo y coméntalo

Jennifer tiene 8 monedas.
Quiere compartirlas con su amiga.
Dice, "De esta manera cada una tiene 4
monedas". ¿Crees que es una manera
justa de compartir las monedas? Explícalo.

Puedo...
identificar monedas y expresar
su valor.

También puedo razonar
sobre las matemáticas.

_____

_____

_____

 Aprendizaje visual 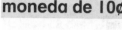 A-Z Glosario

Esta es una **moneda de 1¢**.

frente   dorso   _1¢_

El símbolo para centavo es ¢.

En un **dólar** hay 100 monedas de 1¢.

frente

dorso

Aquí hay otras tres monedas.

moneda de 5¢	moneda de 10¢	moneda de 25¢

5¢   10¢   25¢

20 monedas de 5¢ en 1 dólar	10 monedas de 10¢ en 1 dólar	4 monedas de 25¢ en 1 dólar

---

¡Convénceme! Mira las monedas de 1¢ y de 5¢. Escribe 2 cosas en las que son similares. Luego, escribe 2 cosas en las que son diferentes.

☆ **Práctica guiada** ☆ Escribe el valor de la moneda. Luego, escribe cuántas hay en un dólar.

1.

Valor _10_ ¢

¿Cuántas hay en un dólar?

_10_

2.

Valor _____ ¢

¿Cuántas hay en un dólar?

_____

✬ Práctica independiente ✬

Encierra en círculos las monedas. Luego, completa las oraciones.

3. Encierra en un círculo todas las monedas de 25¢.

En un dólar hay _____ monedas de 25¢.

¿Qué diseños se muestran en una moneda de 25¢ de tu estado?

---

4. Encierra en un círculo todas las monedas de 5¢.

¿Cuántas hay en un dólar? _____

---

5. Mark tiene 6 monedas de 10¢. ¿Cuántas más necesita para tener un dólar?

_____ monedas más de 10¢

6. Razonamiento de orden superior Beth tiene una pila de monedas de 5¢ que equivalen a 1 dólar. También tiene una pila de monedas de 25¢ que equivalen a 1 dólar. ¿Cuántas monedas tiene en total?

_____ monedas en total

7. Dibuja líneas para mostrar qué monedas van en cada alcancía.

1¢ 5¢ 10¢ 25¢

8. **Razonamiento de orden superior** Jake tiene un dólar en monedas de 10¢. Henry tiene un dólar en monedas de 5¢. ¿Quién tiene más monedas? ¿Cuántas más?

9. **Sentido numérico** Resuelve el acertijo.

Soy una moneda que vale más que 5¢ y menos que 25¢. ¿Qué moneda soy?

10. **Explicar** Kate quiere comprar una botella de jugo que cuesta un dólar. Tiene 3 monedas de 25¢. ¿Cuántas monedas más de 25¢ necesita?

11. ☑ **Práctica para la evaluación** ¿Qué monedas tienen el valor de un dólar? Escoge dos que apliquen.

☐ 50 monedas de 10¢

☐ 20 monedas de 5¢

☐ 100 monedas de 1¢

☐ 10 monedas de 25¢

Resuélvelo y coméntalo

Julia tiene 1 moneda de 10¢ y 2 monedas de 1¢. ¿Cuántas cuentas encajables puede comprar? Usa palabras o dibujos para explicar cómo lo sabes.

Lección 13-2

Hallar el valor de un grupo de monedas

Puedo...
hallar el valor de un grupo de monedas.

También puedo hacer mi trabajo con precisión.

CUENTAS ENCAJABLES 1¢

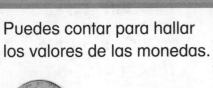
Puedes contar para hallar los valores de las monedas.

Comienza con la moneda de mayor valor, las de 10¢.

10¢   20¢   30¢

10¢   20¢   30¢   31¢   32¢

Luego, cuenta las monedas de 1¢ para hallar el valor.

En total

32¢

¡Convénceme! ¿En qué se parece contar monedas de 10¢ y de 1¢ a contar de diez en diez y contar de uno en uno?

Práctica guiada Cuenta hacia adelante. Luego, escribe cuánto dinero hay en total.

1.
10¢   20¢   30¢   40¢   50¢   60¢

En total 60¢

2.

En total

____

Práctica independiente

Cuenta hacia adelante. Luego, escribe cuánto hay en total.

3.

En total _____

4.

En total _____

5.

En total _____

6. Razonamiento de orden superior Halla el valor total de las monedas.

¿Qué monedas vas a contar primero? ¿Por qué?

7. Sally tiene 45¢.

Tiene monedas de 10¢ y de 1¢.

Haz un dibujo para mostrar las monedas que tiene Sally.

8. Hacerlo con precisión Jack tiene 5 monedas de 10¢ y 17 de 1¢. ¿Cuántos centavos tiene en total?

9. Razonamiento de orden superior

Tom tiene 4 monedas de 10¢. Quiere comprar el marcador.

¿Cuántos centavos más necesita?

54¢

10. ☑ **Práctica para la evaluación** Rita tiene las siguientes 2 monedas en su cartera.

¿Qué monedas necesita para tener exactamente 31¢?

Ⓐ   Ⓑ   Ⓒ   Ⓓ

Nombre _____

Mira el reloj. Rita dice que este reloj muestra las 12 en punto.

Pat dice que este reloj muestra las 3 en punto.

¿Estás de acuerdo con Rita o con Pat?

Explica por qué.

Puedo...

decir la hora en punto.

También puedo hacer mi trabajo con precisión.

La manecilla corta es la **manecilla de la hora**. La manecilla de la hora nos dice qué **hora** es.

manecilla de la hora

La manecilla larga es el **minutero**. El minutero indica los **minutos**.

minutero

Cuando el minutero apunta hacia el 12, se dice **en punto**.

Este reloj muestra las 3 en punto.

La manecilla de la hora apunta hacia el 3. El minutero apunta hacia el 12.

¡Convénceme! ¿En qué se diferencian la manecilla de la hora y el minutero?

☆**Práctica guiada**☆ Escribe la hora que muestra cada reloj.

1.

manecilla de la hora: 4

minutero: 12

4 en punto

2.

manecilla de la hora: ____

minutero: ____

____ en punto

3.

manecilla de la hora: ____

minutero: ____

____ en punto

Tema 13 | Lección 3

☆ Práctica independiente

Dibuja la manecilla de la hora y el minutero para mostrar la hora.

4.

10 en punto

5.

2 en punto

6.

11 en punto

7.

12 en punto

8.

6 en punto

9.

1 en punto

10.

5 en punto

11.

8 en punto

12. Razonamiento de orden superior Escribe una hora cualquiera.
Dibuja la manecilla de la hora y el minutero para mostrar la hora.
Dibuja una actividad que haces a esa hora.

_____ en punto

13. Buscar patrones Sara se levanta a las 7 en punto. Dibuja las manecillas del reloj para mostrar las 7 en punto.

14. enVision® STEM Cada cuerda de una guitarra produce un sonido diferente cuando vibra. José empieza a afinar su guitarra a las 9 en punto. Le lleva 1 hora hacerlo. ¿A qué hora termina?

_____ en punto

15. Razonamiento de orden superior Karen empieza a jugar al fútbol 1 hora después de las 5 en punto. Dibuja la manecilla de la hora y el minutero en el reloj para mostrar a qué hora Karen empieza a jugar al fútbol.

Luego, escribe una oración para describir una actividad que podrías hacer a esa hora.

_____

_____

16. ✓ Práctica para la evaluación A Pedro le gusta leer después de las 3 en punto y antes de las 5 en punto. ¿Qué reloj muestra la hora en que Pedro podría estar leyendo?

 Ⓐ

 Ⓑ

 Ⓒ

Ⓓ

Resuélvelo y coméntalo

Los dos relojes muestran la misma hora. Di qué hora muestran. Luego, anota una manera en que los relojes son iguales y otra manera en que son diferentes.

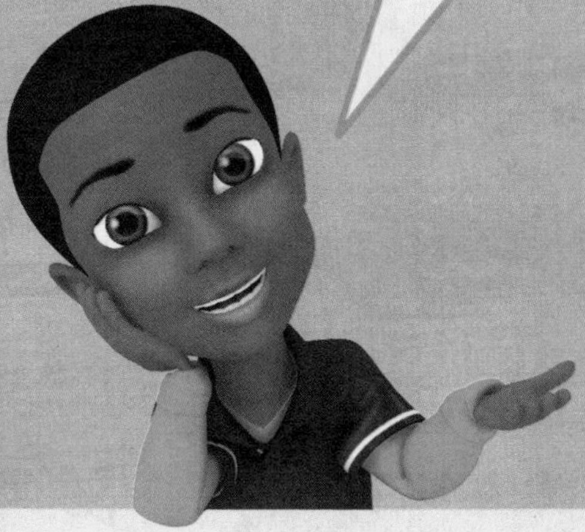

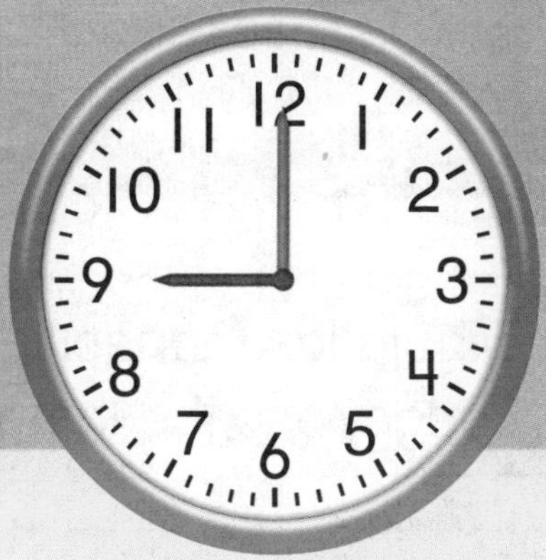

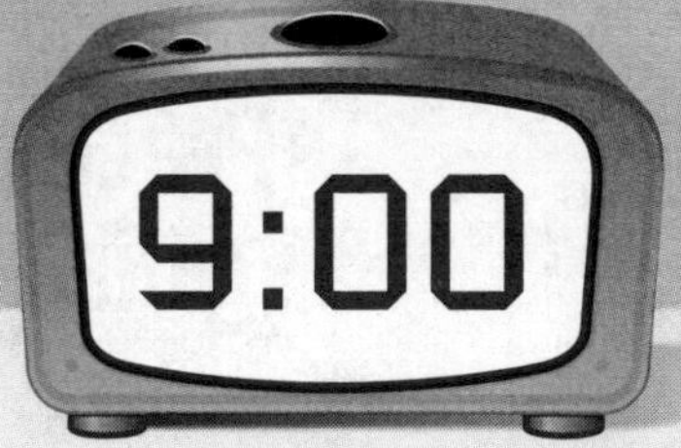

Puedo...

decir la hora en punto usando 2 tipos diferentes de relojes.

También puedo razonar sobre las matemáticas.

9:00

___ en punto

Iguales

Diferentes

Desayuno a las 7 en punto.

Este reloj muestra las 7 en punto.

Este reloj muestra las 7 en punto de otra manera.

El 7 indica la hora. Los 00 indican los minutos.

Las 7 en punto es lo mismo que 7:00.

¡Convénceme! ¿Muestran estos relojes la misma hora? Explícalo.

☆ **Práctica guiada** ☆ Dibuja las manecillas en la esfera del reloj. Luego, escribe la hora en el otro reloj.

1.

3 en punto

2.

5 en punto

3.

12 en punto

4.

11 en punto

✩ Práctica ✩ independiente Dibuja las manecillas en la esfera del reloj. Luego, escribe la hora en el otro reloj.

5.

2 en punto

6.

4 en punto

7.

6 en punto

8.

9 en punto

9.

10 en punto

10.

1 en punto

Piensa en cómo se mueven las manecillas del reloj como ayuda para resolver el problema.

11. Sentido numérico María escribe un patrón.
Luego, borra algunas de las horas.
Escribe las horas que faltan.

6:00, 8:00, ____:____, 12:00, ____:____

12. **Razonar** Raúl empieza a montar en su bicicleta a la 1:00. Da un paseo por 1 hora. ¿A qué hora termina de montar en su bicicleta? Dibuja las manecillas en la esfera del reloj. Luego, escribe la hora en el otro reloj.

13. A-Z **Vocabulario** Lucía lee por 1 **hora**. Empieza a leer a las 8:00. ¿A qué hora termina de leer Lucía? Dibuja las manecillas en la esfera del reloj. Luego, escribe la **hora** en que Lucía termina de leer.

_____ en punto

14. **Razonamiento de orden superior** David se acuesta 2 horas antes que su mamá. La mamá de David se acuesta a las 11:00.

Escribe en el reloj a qué hora se acuesta David.

15. ☑ **Práctica para la evaluación** Maribel lava los platos después de las 6:00 y antes de las 9:00. ¿Qué relojes muestran la hora en que Maribel podría estar lavando platos? Selecciona dos que apliquen.

El minutero da una vuelta alrededor del reloj cada hora. Cada marca es 1 minuto.

Cuenta cuántos minutos hacen una hora. ¿Cuántas marcas recorre el minutero si da solo media vuelta alrededor del reloj? Explica tu respuesta.

Decir y escribir la hora a la media hora más cercana

Puedo...
decir la hora a la media hora más cercana.

También puedo razonar sobre las matemáticas.

Hay 60 minutos en 1 hora. Hay 30 minutos en media hora.

Cuando el minutero apunta hacia el 6, se dice 30 minutos o media hora.

La manecilla de la hora está a la mitad entre las 2 y las 3.

Son las 2 y media, o son las dos treinta (2:30).

¡Convénceme! ¿Por qué la manecilla de la hora está entre el 6 y el 7 cuando son las 6:30?

Práctica guiada Escribe los números para completar las oraciones. Luego, escribe la hora en el otro reloj.

1. La manecilla de la hora está entre el ___7___ y el ___8___.

El minutero apunta hacia el ___6___.

2. La manecilla de la hora está entre el ___ y el ___.

El minutero apunta hacia el ___.

☆ Práctica independiente ☆   Escribe la hora que se muestra en cada reloj.

3.

4.

5.

Mira el patrón. Escribe las horas que faltan.

6. 6:00, 6:30, 7:00, _____, 8:00, _____, _____

7. 2:30, 3:30, _____, 5:30, _____, _____

---

8. Razonamiento de orden superior Carlos juega al básquetbol por 30 minutos todos los días. Siempre empieza a jugar media hora después de una hora. Escribe las horas en que Carlos podría empezar y terminar de jugar al básquetbol. Dibuja las manecillas en cada esfera del reloj para indicar las horas.

INICIO

____ : ____

FINAL

____ : ____

9. **Hacerlo con precisión** Sandy pasea a su perro a las 3:00. Lo pasea por 30 minutos. ¿A qué hora termina de pasear a su perro? Dibuja las manecillas en la esfera del reloj. Escribe la hora en el otro reloj.

10. **Hacerlo con precisión** Aldo llega a la escuela a las 9:00. Su clase de matemáticas empieza a las 9 y media. ¿A qué hora empieza su clase de matemáticas? Dibuja las manecillas en la esfera del reloj. Escribe la hora en el otro reloj.

11. **Razonamiento de orden superior**
Muestra las 8:00 en el primer reloj. Muestra 30 minutos más tarde en el segundo reloj. ¿Sigue la manecilla de la hora apuntando hacia el 8? Explícalo.

12. ☑ **Práctica para la evaluación** ¿Cuál de los siguientes relojes digitales muestra la misma hora que la esfera del reloj?

 12:30   **1:30**   **2:30**   **3:30**

   Ⓐ   Ⓑ   Ⓒ   Ⓓ

Resuélvelo y coméntalo

Noel tiene una clase de música a las 3:30. A las 4:30, va a la biblioteca. A las 5:00, se alista para poder cenar a las 5:30. A las 6:00, después de cenar, juega videojuegos. Organiza el horario de Noel de manera que tenga sentido para ti.

Puedo...
razonar para decir y escribir la hora.

También puedo leer y usar un horario.

Hábitos de razonamiento

¿Qué representan los números?

¿Cómo están relacionados los números en el problema?

El Sr. Díaz empieza a leer un cuento a la mitad entre las 8:00 y las 9:00. ¿A qué hora empieza a leer el cuento? Dibuja las manecillas en la esfera del reloj.

Horario de la clase del Sr. Díaz	
Hora	**Actividad**
8:00	Lectura
9:00	Matemáticas
10:00	Recreo
10:30	Arte
11:30	Almuerzo

¿Cómo puedo entender la pregunta?

¿Qué significa "la mitad"?

¿Cuál es mi razonamiento?

La cantidad de tiempo entre las 8:00 y las 9:00 es 1 hora, o 60 minutos. En media hora hay 30 minutos.

8:30 está a la mitad entre las 8:00 y las 9:00. Puedo volver a la tabla para ver si mi respuesta tiene sentido.

¡Convénceme! ¿Qué ocurre 1 hora después de que comienza la clase de arte? Explica cómo lo sabes.

⭐ **Práctica guiada** ⭐

Usa el horario de la clase del Sr. Díaz para responder a las preguntas. Encierra en un círculo la actividad que empieza a la hora indicada en los relojes. Luego, explica tu razonamiento.

1.

Recreo

Arte

(Lectura)

2.

Arte

Recreo

Almuerzo

Tema 13 | Lección 6

Nombre_____

☆ Práctica ☆
independiente
☆

Usa el Horario del día de campo para responder a las preguntas.

3. ¿Qué actividad hacen los niños justo antes de observar aves? Explica tu razonamiento.

_____

_____

4. ¿Qué actividades hacen los niños después del almuerzo? Explica tu razonamiento.

_____

_____

5. ¿Qué actividad comienza a la hora que indica el reloj? Explica tu razonamiento.

_____

_____

Horario del día de campo	
Hora	**Actividad**
10:00	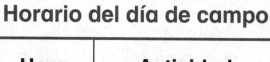 Caminata
11:00	Observar aves
12:00	Almuerzo
12:30	Construir una pajarera
1:30	Recoger flores

6. **A-Z Vocabulario** Encierra en un círculo la hora que indica **media hora** después de las 3:00.

2:00   3:00   3:30   4:00

Horario familiar	
Hora	**Actividad**
10:00	Museo
12:30	Acuario
2:00	Paseo por la ciudad
4:30	Edificio C
5:30	Cena

Visitar la ciudad La familia de Andrés va a pasar el día en la ciudad.

Ayúdalo a resolver los siguientes problemas usando el Horario familiar del viaje.

7. **Representar** El minutero se cayó del reloj. ¿Qué hora debería indicar el reloj cuando la familia de Andrés llegue al acuario?

Dibuja el minutero y escribe la hora que indica el reloj.

8. **Razonar** Andrés escribe todas las actividades que su familia hará a los 30 minutos después de la hora. ¿Cuántas actividades escribió? Explica cómo lo averiguaste.

_____

_____

_____

Apunta y cuenta

Trabaja con un compañero. Necesitan papel y lápiz.
Cada uno escoge un color diferente: celeste o azul.
El compañero 1 y el compañero 2 apuntan a uno de
los números negros al mismo tiempo. Ambos suman
esos números.
Si la respuesta está en tu color, anota una marca de
conteo. Sigan hasta que uno tenga doce marcas de
conteo.

Puedo...
sumar y restar hasta el 10.

También puedo construir
argumentos matemáticos.

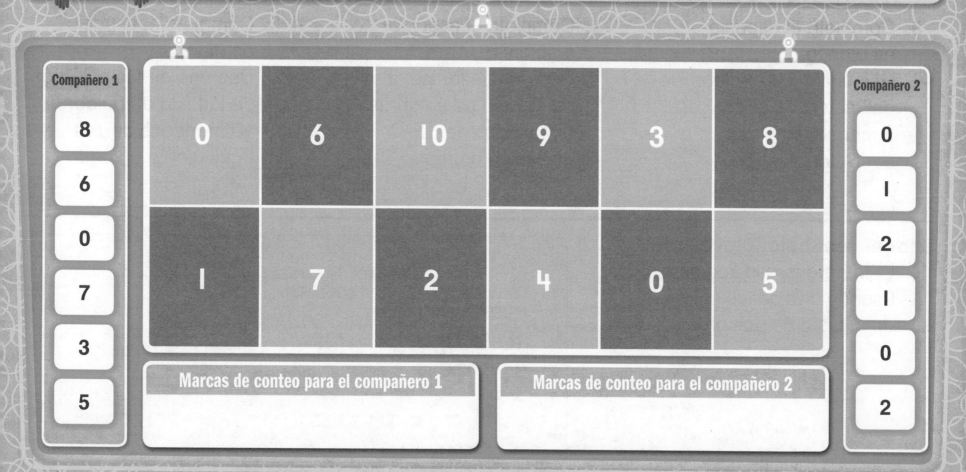

Compañero 1

| 8 |
| 6 |
| 0 |
| 7 |
| 3 |
| 5 |

| 0 | 6 | 10 | 9 | 3 | 8 |
| 1 | 7 | 2 | 4 | 0 | 5 |

Compañero 2

| 0 |
| 1 |
| 2 |
| 1 |
| 0 |
| 2 |

Marcas de conteo para el compañero 1

Marcas de conteo para el compañero 2

Repaso del vocabulario

Glosario

Lista de palabras

- centavo (¢)
- dólar
- en punto
- hora
- manecilla de la hora
- media hora
- minutero
- minuto
- moneda de 5¢
- moneda de 10¢
- moneda de 25¢

Comprender el vocabulario

1. Encierra en un círculo la manecilla de la hora.

2. Encierra en un círculo el minutero.

3. Completa el espacio en blanco.
Usa una de las palabras de la Lista de palabras.
5 monedas de 1¢ equivalen a un/una

_____.

4. Completa el espacio en blanco.
Usa una de las palabras de la Lista de palabras.
5 monedas de 5¢ equivalen a un/una

_____.

5. Completa el espacio en blanco.
Usa una de las palabras de la Lista de palabras.
10 monedas de 10¢ equivalen a un/una

_____.

Usar el vocabulario al escribir

6. Di la hora que indica el reloj usando una de las palabras de la Lista de palabras.

10:00

Grupo A

Puedes dibujar la manecilla de la hora y el minutero para mostrar la hora. Muestra las 8:00.

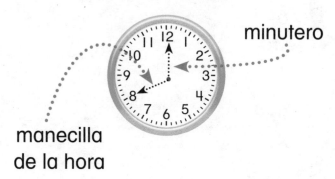

minutero

manecilla
de la hora

Este reloj muestra las 5 en punto.

Dibuja o escribe la hora.

I.

3 en punto

2.

_____ en punto

Dibuja las manecillas en la esfera del reloj. Luego, escribe la hora en el otro reloj.

3.

10 en punto

¿Qué hora muestran los relojes?

Las ⋮8⋮ y media

u ⋮8⋮ : ⋮30⋮

Recuerda: La expresión "y media" significa 30 minutos después de la hora.

Escribe la hora que se muestra en cada reloj.

4.

Las _____ y media

o _____ : _____

5.

Las _____ y media

o _____ : _____

Hábitos de razonamiento

Razonar

¿Qué representan los números?

¿Cómo están relacionados los números en el problema?

Usa el horario para responder a las preguntas.

Horario de la clase del Sr. Díaz	
Hora	**Actividad**
8:30	📖 Lectura
9:30	1+1= Matemáticas
10:30	🏀 Recreo

6. ¿Qué actividad empieza 2 horas después de la lectura? _____

7. ¿A qué hora empieza matemáticas? _____ : _____

I. Lisa monta en su bicicleta todos los viernes después de las 2 en punto y antes de las 6 en punto.

Escoge dos relojes que muestren la hora en que Lisa podría montar en su bicicleta.

☐ ☐ ☐ ☐ ☐

2. ¿Qué reloj digital muestra la misma hora que la esfera del reloj?

Ⓐ   Ⓑ   Ⓒ   Ⓓ

3. Dibuja la hora en el reloj.

5 en punto

4. Dibuja las manecillas en la esfera del reloj para indicar a qué hora empieza la hora de cuentos.

Horarios del campamento	
Hora	**Actividad**
11:00	Almuerzo
12:00	Natación
1:30	Hora de cuentos
2:00	Merienda
2:30	Artes y manualidades

---

5. Indica la misma hora en los dos relojes. ¿Cómo sabes que tienes razón?

     Tema 13 │ Práctica para la evaluación

Una visita al zoológico

La clase de Cárol visita el zoológico.
Este es el horario de la visita.

Horario del zoológico	
Hora	**Actividad**
9:00	Aviario
9:30	Paseo en tren
10:00	Animales grandes
11:30	Almuerzo
12:30	Función de delfines
1:00	Animales pequeños

1. Muestra otra manera de escribir la hora en que empieza cada actividad.

Animales grandes

_____

Paseo en tren

_____

2. Dibuja las manecillas en el reloj para indicar a qué hora empieza la función de delfines.

3. Los estudiantes salieron de la escuela a las 8 y media.

Dibuja las manecillas y escribe la hora en los relojes para mostrar a qué hora salieron de la escuela.

4. Cárol dice que este reloj muestra la hora a la que comienza el almuerzo.

¿Estás de acuerdo con ella?

Encierra en un círculo   **Sí**   o   **No**.

Explica tu respuesta.

_____

_____

_____

_____

_____

5. La clase termina la visita a los animales pequeños a la 1:30. Volverán a la escuela y tardarán 30 minutos.

¿A qué hora llegarán? Escoge una manera de mostrar la hora.

Razonar usando figuras y sus atributos

Pregunta esencial: ¿Cómo puedes definir las figuras y componer nuevas figuras?

Recursos digitales

Libro del estudiante · Aprendizaje visual · Práctica

Evaluación · Herramientas · Glosario

Algunos materiales se pueden convertir en figuras que nos ayudan a hacer un trabajo.

Los ladrillos tienen forma de prisma rectangular. ¡Se pueden apilar ladrillos para construir edificios!

¡Increíble! Hagamos este proyecto para aprender más.

Proyecto de enVision® STEM: Usar figuras para construir

Investigar Habla con tu familia y tus amigos sobre objetos de la vida diaria que tengan formas especiales. Comenten de qué manera la forma de un objeto es importante para su uso.

Diario: Hacer un libro Muestra lo que encontraste. En tu libro, también:

• dibuja diferentes edificios usando círculos, cuadrados, rectángulos, cilindros y prismas rectangulares.

• en tus dibujos, muestra cómo las figuras pueden juntarse para crear figuras nuevas.

Nombre _____

Repasa lo que sabes

A-Z Vocabulario

1. Scott **agrupó** estas figuras. Marca con una X la figura que es diferente de las otras.

2. Encierra en un círculo el objeto que tiene una forma **diferente**.

3. Encierra en un círculo el **triángulo**.

Igual y diferente

4. Dibuja una figura que sea igual a la siguiente figura.

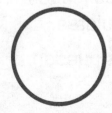

5. Dibuja una figura que sea diferente a la siguiente figura.

Contar de 1 en 1

6. Escribe los números que faltan.

1, _____, 3, 4, _____

Escoge un proyecto

PROYECTO
14A

¿Alguna vez has visto un edificio así de torcido?

Proyecto: Construye una torre fuerte

PROYECTO
14B

¿Dónde puedes ver tu reflejo?

Proyecto: Refleja formas

¿Cómo pueden montones de pequeños azulejos convertirse en una gran obra de arte?

Proyecto: Diseña un dibujo con azulejos

¿Qué es un robot?

Proyecto: Diseña y construye un robot

Resuélvelo y coméntalo

Di en qué son parecidas las 4 figuras.

Di en qué son diferentes.

Usa una herramienta para medir como ayuda.

Puedo...
usar atributos para describir figuras.

También puedo buscar patrones.

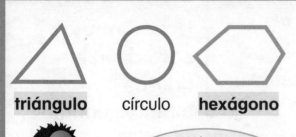

triángulo   círculo   **hexágono**

Las figuras bidimensionales son planas. Una figura bidimensional se puede definir según sus atributos.

Algunas figuras bidimensionales tienen sus **lados** rectos y otras no.

3 lados rectos

0 lados rectos

Algunas figuras bidimensionales tienen esquinas llamadas **vértices** y otras no.

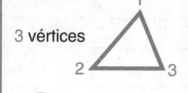

3 vértices

0 vértices

Las figuras bidimensionales son cerradas. Todos sus lados están conectados.

Esto no es un triángulo. No es una figura cerrada con 3 lados.

¡Convénceme! Mira el triángulo azul anterior. ¿Cómo lo definirías a partir de su forma?

Práctica guiada   Di cuántos lados rectos o vértices tiene cada figura y si es cerrada o no.

1.    ¿Cuántos lados rectos? __4__
    ¿Es cerrada? __Sí__

2. 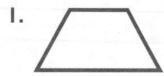   ¿Cuántos vértices? ____
    ¿Es cerrada? _____

3.    ¿Cuántos lados rectos? ____
    ¿Es cerrada? _____

Práctica independiente

Dibuja las figuras.

4. Dibuja una figura cerrada con 3 vértices.

5. Dibuja una figura cerrada con 0 lados rectos.

6. Dibuja una figura cerrada con más de 3 vértices.

7. Encierra en un círculo las figuras cerradas.

8. Razonamiento de orden superior Mira las figuras que están en cada grupo. Explica cómo están clasificadas.

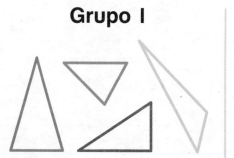

Grupo 1	Grupo 2

_____

_____

_____

9. Hacerlo con precisión Encierra en un círculo 3 figuras que tengan la misma cantidad de vértices que de lados.

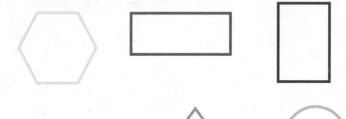

10. Hacerlo con precisión Encierra en un círculo 3 figuras que **NO** tengan vértices.

11. Razonamiento de orden superior
Piensa en una figura bidimensional. Escribe una adivinanza sobre la figura para que un compañero adivine qué figura es.

_____

_____

_____

_____

12. ☑ Práctica para la evaluación Tengo 6 vértices. Soy una figura cerrada. ¿Qué figura o figuras **NO** puedo ser? Selecciona tres que apliquen.

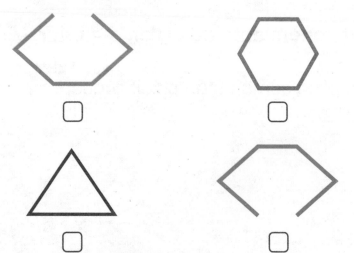

Nombre ______________________________

Resuélvelo y coméntalo Di en qué son parecidas estas 5 figuras.
Di en qué son diferentes.
Usa una herramienta como ayuda.

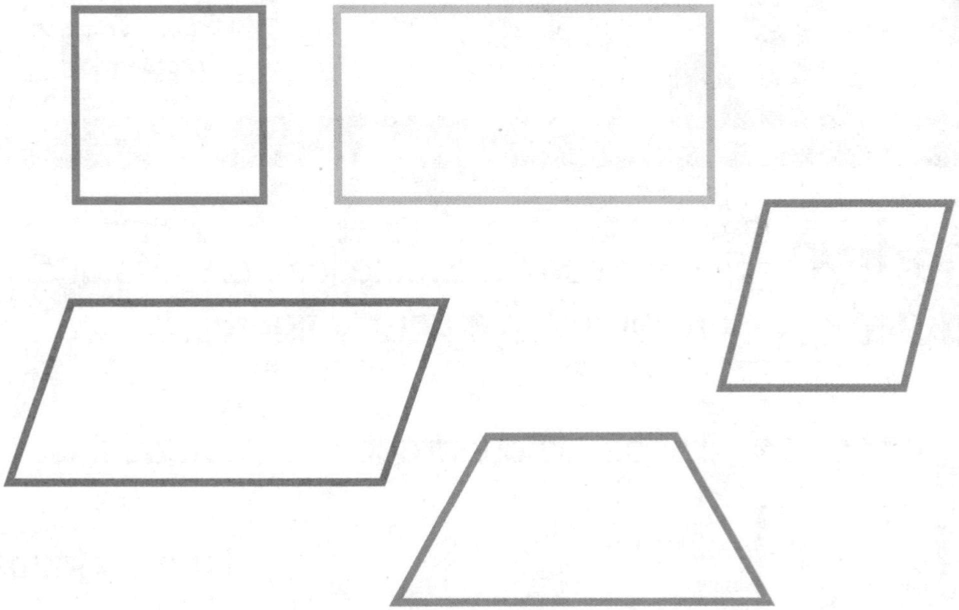

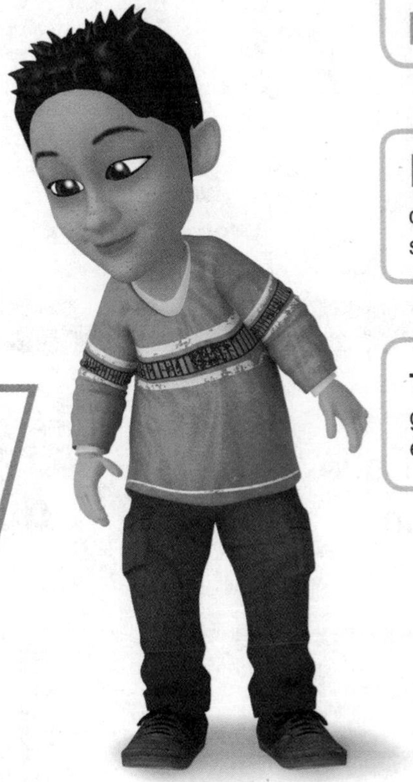

Lección 14-2

Atributos que definen y no definen a las figuras bidimensionales

Puedo...

definir las figuras bidimensionales según sus atributos.

También puedo hacer generalizaciones a partir de ejemplos.

 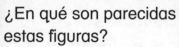
¿En qué son parecidas estas figuras?

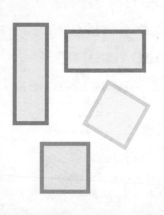

Los **rectángulos** son figuras bidimensionales que tienen 4 vértices y 4 lados que se unen formando esquinas cuadradas.

Estas figuras son rectángulos.

Un **cuadrado** es un rectángulo especial porque sus cuatro lados tienen igual longitud.

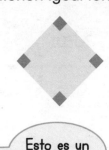

Esto es un cuadrado.

Las figuras no se definen por su color, tamaño o posición.

¡Todos estos son rectángulos!

¡Convénceme! ¿Por qué esta figura NO es un cuadrado?

Práctica guiada Encierra en un círculo las palabras que son verdaderas para la figura.

1.

Todos los cuadrados:

son azules.

tienen 4 lados iguales.

son figuras cerradas.

son pequeños.

tienen 4 esquinas.

Nombre _____

Práctica independiente Encierra en un círculo las palabras que son verdaderas para cada figura.

2.

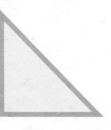

Todos los triángulos:

son anaranjados.

tienen 3 lados.

tienen tres lados iguales.

son altos.

son figuras cerradas.

3.

Todos los círculos:

son azules.

tienen 0 vértices.

son pequeños.

tienen 0 lados rectos.

4. **Razonamiento de orden superior** Tomás dice que este es un rectángulo. ¿Tiene razón? Di por qué.

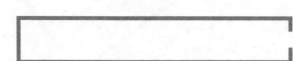

_____

_____

_____

5. **Usar herramientas** ¿Todos los rectángulos tienen los lados iguales? Encierra en un círculo **Sí** o **No**.

Sí   No

Escoge una herramienta para mostrar cómo lo sabes.

6. **Razonamiento de orden superior** José dice que las dos figuras son hexágonos porque son cerradas, tienen 6 lados rectos y son rojas. ¿Estás de acuerdo? Explícalo.

7. ☑ **Práctica para la evaluación** Tanya dice que esta figura NO es un cuadrado. ¿Estás de acuerdo?

Encierra en un círculo **Sí** o **No**.   **Sí   No**
Explica por qué.

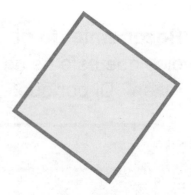

Resuélvelo y coméntalo

Halla esquinas cuadradas y figuras rectangulares en la clase. Explica a tu compañero por qué una figura que hallaste es un rectángulo. Cuenta cuántas esquinas cuadradas hallaste. Usa la tabla como ayuda para llevar la cuenta.

Tu libro tiene forma de rectángulo. Tiene 4 esquinas cuadradas.

1	2	3	4	5	6	7	8	9	10
11	12	13	14	15	16	17	18	19	20
21	22	23	24	25	26	27	28	29	30
31	32	33	34	35	36	37	38	39	40
41	42	43	44	45	46	47	48	49	50
51	52	53	54	55	56	57	58	59	60
61	62	63	64	65	66	67	68	69	70
71	72	73	74	75	76	77	78	79	80
81	82	83	84	85	86	87	88	89	90
91	92	93	94	95	96	97	98	99	100

Las figuras bidimensionales se pueden hacer con diferentes tipos de materiales.

Tienes que pensar en cómo se ve la figura.

Voy a hacer un triángulo. ¿Qué hace que un triángulo sea un triángulo?

Un triángulo tiene 3 lados y 3 vértices.

Este también es un triángulo.

Aunque se ve un poco diferente, esta figura también tiene 3 lados y 3 vértices.

¡Convénceme! Lola dibujó la figura gris de la derecha. ¿Es también un hexágono? Di cómo lo sabes.

Práctica guiada

Haz un cuadrado con los materiales que te dé tu maestro. Pega el cuadrado en el recuadro. Explica cómo sabes que es un cuadrado.

1.

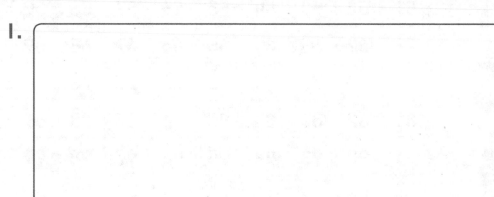

Nombre _____

☆ **Práctica independiente** ☆ Usa los materiales que te dé tu maestro para hacer cada figura. Pega la figura en los recuadros. Explica cómo sabes que es la figura correcta.

2. Haz un círculo.

3. Haz un rectángulo.

4. Razonamiento de orden superior
Carlos hizo las siguientes figuras.
Dice que las dos figuras son
cuadrados. ¿Tiene razón? Explícalo.

Resolución de problemas

Haz un dibujo para resolver los siguientes problemas. Usa bloques de patrón como ayuda.

5. **Razonar** Sara dibuja una figura cerrada con 4 lados iguales. ¿Qué figura dibujó?

Dibuja la figura que Sara dibujó.

6. **Razonar** Mina dibuja una figura cerrada con 3 lados rectos y 3 vértices. ¿Qué figura dibujó?

Dibuja la figura que Mina dibujó.

7. **Razonamiento de orden superior** Haz un cuadrado con una hoja de papel. Luego, convierte el cuadrado en un triángulo. ¿Cómo lo hiciste? Explícalo.

8. ☑ **Práctica para la evaluación** Marcos quiere usar pajillas para hacer un hexágono. Usa los puntos para dibujar líneas rectas que muestren a Marcos cómo se vería el hexágono.

Nombre _____

Resuélvelo y coméntalo

Usa , y para crear un . Escribe cuántas piezas de cada figura usaste. Luego, suma las tres cantidades para hallar la totalidad de piezas. Fíjate si puedes crear un hexágono con menos de 15 piezas en total.

_____ piezas en total

Usa figuras pequeñas para crear figuras más grandes.	Traza la figura más grande.	Usa las figuras pequeñas para cubrir el trazo.	Traza las figuras pequeñas.

¡Convénceme! ¿Cómo puedes crear una figura a partir de figuras más pequeñas?

☆**Práctica guiada**☆ Usa bloques de patrón para crear el triángulo grande.

1. Completa la tabla.

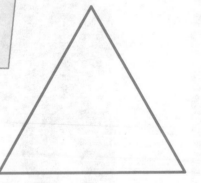

Maneras de crear el triángulo grande		
Figuras que usé	▱	△
Manera 1	0	4
Manera 2		

☆ Práctica independiente ☆

Usa figuras pequeñas para crear figuras más grandes.

2. Completa la tabla para mostrar una lista de maneras de crear un hexágono. Usa bloques de patrón como ayuda.

Maneras de crear un			
Figuras que usé	⬢ trapecio	◆ rombo	△ triángulo
Manera 1			
Manera 2			
Manera 3			

3. Usa 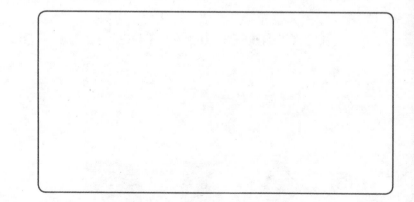 para crear un .

Dibuja los en el siguiente espacio.

4. Razonamiento de orden superior Usa 3 bloques de patrón para crear una figura nueva. Traza los bloques de patrón. ¿Qué figuras usaste? ¿Qué figura creaste?

_____

_____

5. **Entender** ¿Dos de qué figura

   hacen un ?

6. **Entender** ¿Dos de qué figura

   hacen un  ?

7. **Razonamiento de orden superior** Dibuja y escribe el nombre de la figura que se forma al juntar los dos bloques de patrón anaranjados. Explica cómo lo sabes.

_____

_____

_____

8. ☑ **Práctica para la evaluación** Nicolás quiere crear un hexágono. Tiene 1 .

   ¿Qué grupo de figuras podría usar para completar el  ?

   Ⓐ

   Ⓑ

   Ⓒ

   Ⓓ

Nombre _____

Resuélvelo y coméntalo Usa exactamente 10 bloques de patrón para crear la imagen de un bote. Traza las figuras en el siguiente espacio para mostrar tu bote.

Luego, usa lo que sabes sobre decenas. ¿Cuántos bloques de patrón necesitarías para crear 6 botes?

Puedo…
usar figuras para crear figuras diferentes.

También puedo representar con modelos matemáticos.

Necesitaría _____ bloques de patrón para crear 6 botes.

¡**Convénceme!** Usa bloques de patrón para hacer un dibujo de un árbol. ¿Qué figuras usaste? Explícalo.

☆ **Práctica guiada** ☆

Empieza con un triángulo y usa bloques de patrón para hacer un dibujo. Traza las figuras para mostrar tu dibujo. Escribe cuántas piezas de cada figura usaste.

1.

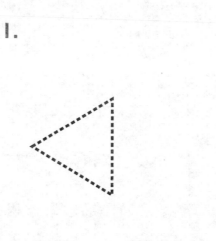

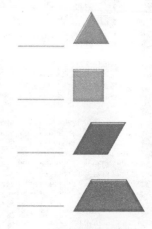

Haz dibujos con los bloques de patrón que se muestran.
> Traza las figuras para mostrar tus dibujos.
> Escribe cuántas piezas de cada figura usaste para hacer cada dibujo.

2.

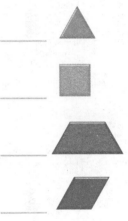

3.

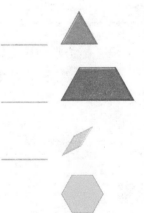

4. Representar Dana empezó a dibujar una flor usando estos bloques de patrón. Dibuja más hojas y pétalos para ayudarla a terminar su dibujo.

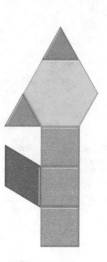

5. Razonamiento de orden superior Usa bloques de patrón para hacer un dibujo de un pez.

6. ☑ **Práctica para la evaluación** Pepe está haciendo un modelo de esta flecha. ¿Qué figura necesita agregar para terminar el modelo?

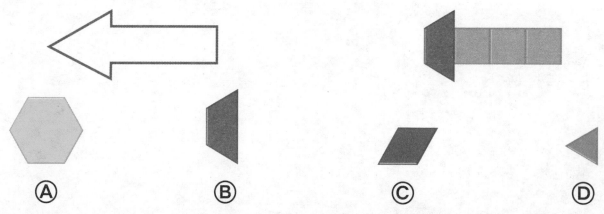

Ⓐ   Ⓑ   Ⓒ   Ⓓ

Nombre ____________________

Lección 14-6
Usar atributos para definir figuras tridimensionales

Puedo...
definir figuras tridimensionales según su cantidad de aristas, vértices y caras o superficies planas.

También puedo construir argumentos matemáticos.

Resuélvelo y coméntalo ¿Puedes encontrar objetos en la clase que tengan la forma de estos objetos? Halla todos los que puedas y anota la cantidad de cada figura que hallaste. Encierra en un círculo la figura que más hallaste.

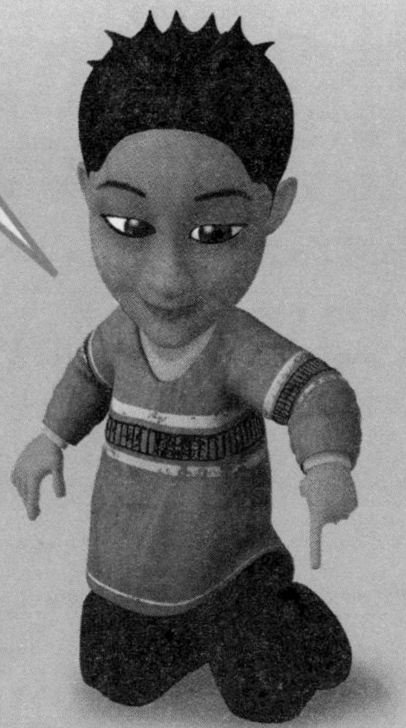

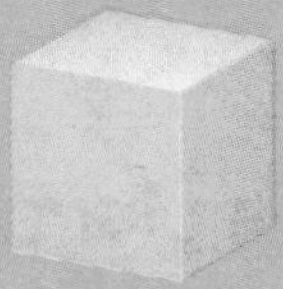
cubo ____________________

esfera ____________________

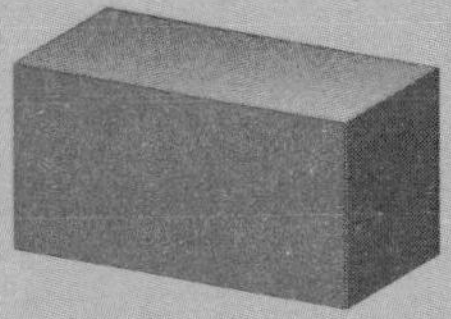
prisma rectangular ____________________

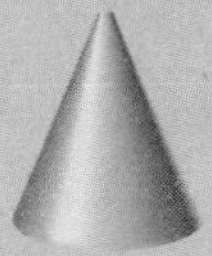
cono ____________________

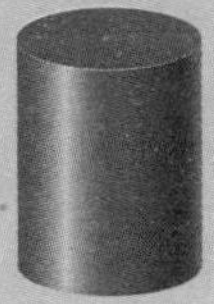
cilindro ____________________

Las **figuras tridimensionales** se pueden agrupar de maneras diferentes.

La **superficie plana** de estas figuras es un círculo.

superficies planas

Estas figuras tienen **aristas** y vértices. Sus superficies planas se llaman **caras**.

aristas

vértices

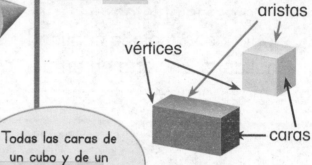

caras

Una **esfera** no tiene superficies planas, ni aristas, ni vértices.

Un cilindro tiene 2 superficies planas. Un cono solo tiene 1.

Todas las caras de un cubo y de un prisma rectangular son rectángulos.

¡Convénceme! ¿Las figuras tridimensionales siempre tienen caras, superficies planas o vértices? Explícalo.

Práctica guiada Escribe cuántas caras, o superficies planas, y vértices tiene cada figura tridimensional.

Figura tridimensional	Cantidad de caras o superficies planas	Cantidad de vértices	Cantidad de aristas
1.	6	8	12
2. 			

Herramientas Evaluación

☆ Práctica independiente ☆ Escribe cuántas caras, o superficies planas, vértices y aristas tiene cada objeto.

Objeto	Cantidad de caras o superficies planas	Cantidad de vértices	Cantidad de aristas
3.			
4.			
5.			

6. **Razonamiento de orden superior** Lily tiene un objeto que se ve como una figura tridimensional. El objeto tiene 2 superficies planas y 0 vértices.

Dibuja el objeto que podría tener Lily.

7. Esta figura es un cono. ¿Cuál de las siguientes figuras es también un cono? ¿Cómo lo sabes?

_____

_____

_____

_____

_____

8. Razonar Nidia y Beto compran cada uno un objeto en la tienda. El objeto de Nidia tiene 4 aristas más que vértices. El objeto de Beto tiene la misma cantidad de superficies planas que de aristas.

Encierra en un círculo el objeto de Nidia. Encierra en un cuadrado el objeto de Beto.

9. Razonamiento de orden superior Dibuja y rotula una figura tridimensional. Luego, escribe una oración para describir tu figura tridimensional.

_____

_____

10. ☑ **Práctica para la evaluación** Tengo 6 caras y 8 vértices. ¿Qué figura tridimensional puedo ser? Selecciona dos que apliquen.

☐ Esfera

☐ Cubo

☐ Prisma rectangular

☐ Cilindro

Nombre ____________________

Lección 14-7

Atributos que definen y no definen a las figuras tridimensionales

Puedo...
escoger los atributos que definen a las figuras tridimensionales.

También puedo hacer generalizaciones a partir de ejemplos.

Resuélvelo y coméntalo Mide la longitud de los cilindros. ¿Cómo puedes armar una torre de 10 cubos de alto usando algunos de los cilindros? Di qué forma tendrá la torre.

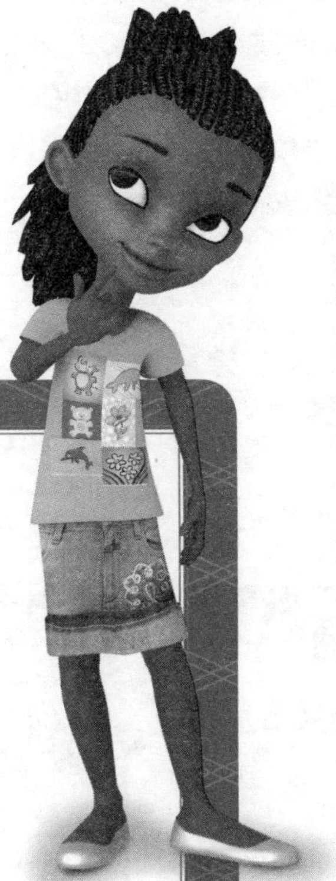

____ cubos

____ cubos

____ cubos

____ cubos

____ cubos

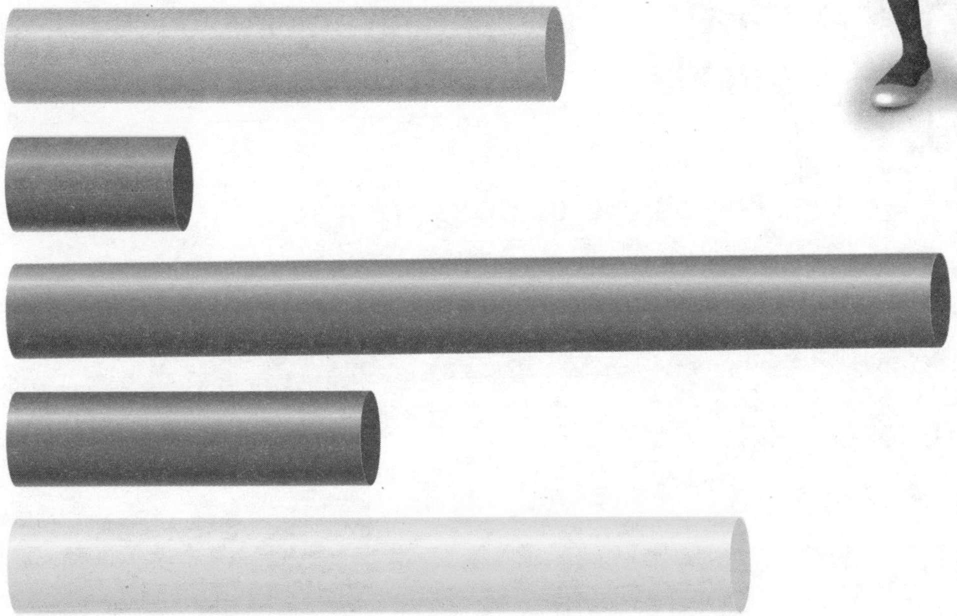

¿Son todas estas figuras el mismo tipo de figura tridimensional?

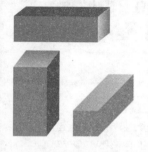

Se pueden definir las figuras tridimensionales según su forma, la cantidad de superficies planas o caras y la cantidad de aristas y vértices.

¿Cómo puedo definir un prisma rectangular?

El hecho de que las figuras tengan el mismo tamaño o color no significa que son iguales.

Veo un prisma rectangular, una esfera y un cilindro.

El color, el tamaño y la dirección no definen una figura.

¡Todas estas figuras son prismas rectangulares!

¡Convénceme! Escribe 2 cosas que son verdaderas para todos los prismas rectangulares. Escribe 2 cosas que no los definen.

Práctica guiada Encierra en un círculo las palabras que son verdaderas para la figura.

1. **Todos los conos:**

son amarillos.

(tienen 1 vértice.)

son figuras abiertas.

(pueden rodar.)

⭐ **Práctica independiente**

Encierra en un círculo las palabras que son verdaderas para cada figura.

2. Todos los cubos:

tienen 12 aristas.

tienen 8 vértices.

no pueden rodar.

son azules.

3. Todos los cilindros:

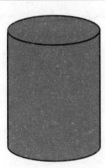

tienen 2 superficies planas.

no pueden rodar.

son rojos.

pueden rodar.

4. enVision® STEM Kevin quiere construir un muro. Encierra en un círculo la figura o las figuras tridimensionales que podría usar para construir el muro.

5. Explicar ¿Todos los cubos tienen la misma cantidad de aristas? Sí No

Explica o haz un dibujo para mostrar cómo lo sabes.

6. Razonamiento de orden superior Edgar dice que las dos figuras son iguales porque ambas tienen 6 caras y son moradas. ¿Estás de acuerdo? Explícalo.

 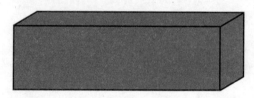

7. ☑ Práctica para la evaluación Une con una línea cada figura con las palabras que la describen.

prisma rectangular   cubo   esfera   cono

6 caras iguales   I vértice   8 vértices   sin superficies planas o vértices

Resuélvelo y coméntalo

Usa cubos verdes para construir dos prismas rectangulares diferentes. Dibuja y escribe sobre las figuras que creaste. ¿Cuántos cubos usaste para construir ambos prismas rectangulares?

Lección 14-8

Crear figuras tridimensionales

Puedo...
unir figuras tridimensionales para crear otra figura tridimensional.

También puedo razonar sobre las matemáticas.

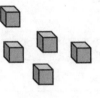

Puedes combinar figuras tridimensionales para crear figuras tridimensionales más grandes.

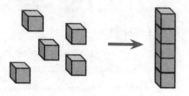

Puedes construir un prisma rectangular con cubos.

Puedes crear un cubo grande con cubos más pequeños.

También puedes usar figuras tridimensionales para crear objetos que ya conoces.

¿Qué objeto puedo crear con estas figuras?

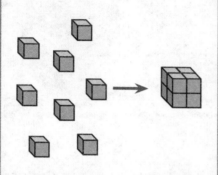

Un cubo, un cilindro y un cono pueden formar un cohete.

¡Convénceme! ¿Cómo puedes saber qué figuras tridimensionales forman un objeto?

Práctica guiada Encierra en un círculo las figuras tridimensionales que podrían formar el objeto.

1.
 |

2.
 |

     Tema 14 | **Lección 8**

Práctica independiente

Encierra en un círculo las figuras tridimensionales que podrían formar el objeto.

3.

4.

5.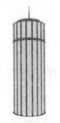

6. Razonamiento de orden superior Tito quiere combinar 6 cubos verdes para crear un cubo más grande. ¿Puede hacerlo? Explícalo. Usa cubos como ayuda.

7. **Entender** Rafa creó la siguiente figura con figuras tridimensionales.

¿Qué figuras tridimensionales usó?

_____

_____

8. **Entender** Karen tiene 12 cubos de hielo. Quiere combinar los cubos para crear una escultura de hielo.

¿Qué escultura podría crear con los cubos?

_____

_____

9. **Razonamiento de orden superior** Elena usa dos figuras iguales para formar una figura tridimensional más grande. La figura que creó tiene 2 superficies planas y 0 vértices.

¿Cuáles son las dos figuras que usó?

_____

¿Cuál es la figura más grande que formó?

_____

10. ☑ **Práctica para la evaluación** ¿Qué objeto se podría crear con un y un ?

Ⓐ

Ⓒ

Ⓑ

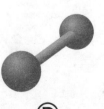

Ⓓ

Nombre _____

Marca con una X todos los objetos que tienen superficies planas circulares. Di cómo sabes que las superficies planas son círculos. Para entender el problema, encierra en un círculo las palabras que son verdaderas para los objetos que marcaste.

Puedo...
entender problemas.

También puedo describir figuras de dos y de tres dimensiones.

Hábitos de razonamiento

¿Qué me piden que halle?

¿Qué otra cosa puedo intentar si estoy en aprietos?

Los objetos: son blancos.

tienen superficies planas.

tienen 0 aristas.

tienen 0 vértices.

tienen caras.

son pequeños.

Todas estas figuras son triángulos. Encierra en un círculo las palabras que son verdaderas para todos los triángulos.

¿Cómo puedo entender el problema?

¿Cuál es mi plan para resolver el problema?

Todos los triángulos:
tienen 3 lados.
son azules.
tienen un fondo plano.
son grandes.
tienen 3 vértices.

Sólo encerraré en un círculo las palabras que son verdaderas para todos los triángulos.

Todos los triángulos:
~~tienen 3 lados.~~
son azules.
tienen un fondo plano.
son grandes.
~~tienen 3 vértices.~~

Sé que los triángulos tienen 3 lados y 3 vértices.

Sí, todos los triángulos tienen 3 lados y 3 vértices. Encerré en un círculo las palabras correctas.

¡Convénceme! ¿Qué palabras se pueden usar siempre para describir los prismas rectangulares?

Práctica guiada Encierra en un círculo las palabras que son verdaderas para las figuras.

1. Todas estas figuras son cuadrados.

Todos los cuadrados: son anaranjados.   son pequeños.

~~tienen 4 lados iguales.~~   tienen 4 vértices.

☆ **Práctica** ☆
independiente   Encierra en un círculo las palabras que son verdaderas para las figuras. Luego, explica cómo lo sabes.

2. Todas estas figuras son conos.

**Todos
los conos:**   son azules.   tienen 1 superficie plana.   tienen 1 arista.   tienen 1 vértice.

_____

_____

3. Todas estas figuras son hexágonos.

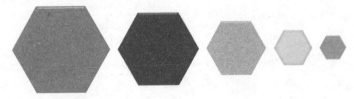

**Todos
los hexágonos:**   son pequeños.   tienen 6 lados.   son azules.   tienen 6 vértices.

_____

_____

Resolución de problemas

Arte y manualidades

Mario tiene cubos, esferas, cilindros y conos. Quiere usarlos para crear esculturas para una venta de arte en su escuela.

Mario quiere juntar las figuras correctas para cada obra de arte.

4. **Hacerlo con precisión** Mario quiere juntar una figura que tenga 6 caras con una figura que no tenga superficies planas. ¿Qué figuras puede usar? Explícalo.

5. **Razonar** Mario junta 2 cubos para crear una figura nueva. Di qué figura nueva creó y una característica de la figura.

Nombre _____

 Muestra la palabra

Colorea las operaciones que den estos resultados. Deja las demás en blanco.

| 3 | 2 | 1 |

Puedo...
sumar y restar hasta el 10.

También puedo hacer mi trabajo con precisión.

0 + 2	5 − 3	1 + 1	10 − 7	5 + 2	1 + 3	0 + 1	10 − 9	3 − 2
6 − 4	8 − 1	8 − 6	4 − 1	6 + 4	8 − 3	6 − 5	8 + 1	1 − 0
2 + 0	2 + 2	7 − 5	3 + 0	3 + 1	2 + 8	5 − 4	9 − 8	1 + 0
4 − 2	4 + 3	9 − 7	9 − 6	4 − 4	7 + 1	2 − 1	0 + 8	4 − 3
10 − 8	2 − 0	3 − 1	7 − 4	2 + 1	6 + 3	8 − 7	4 + 0	7 − 6

La palabra es

_____ _____ _____

Repaso del vocabulario

A-Z
Glosario

Lista de palabras

- arista
- atributos
- cara
- cilindro
- cono
- cuadrado
- cubo
- esfera
- figuras bidimensionales
- figuras tridimensionales
- lado
- prisma rectangular
- rectángulo
- superficie plana
- triángulo
- vértice

Comprender el vocabulario

1. Marca con una X la figura bidimensional que no tiene vértices. Encierra en un círculo la figura bidimensional que tiene 4 vértices y 4 lados iguales.

2. Escribe el nombre de la parte de la figura que se muestra. Usa la Lista de palabras.

_____

3. Completa el nombre de la figura. Usa la Lista de palabras como ayuda.

Prisma _____

Usar el vocabulario al escribir

4. Dibuja algunas figuras. Rotula las figuras usando palabras de la Lista de palabras.

Grupo A

Puedes definir las figuras bidimensionales por sus atributos.

Un hexágono debe ser una figura cerrada. Debe tener 6 lados y seis vértices.

$\leftarrow$ lados $\rightarrow$

vértices

El color, el tamaño total o la posición no definen una figura.

Resuelve los problemas.

1. Encierra en un círculo la figura que tiene 4 lados rectos y 4 vértices.

2. Encierra en un círculo la figura que tiene 0 vértices.

Grupo B

Puedes crear figuras bidimensionales usando diferentes tipos de materiales.

Cartulina

Palillos

Palitos de colores

Cartulina

Usa los materiales que te dé tu maestro para crear un rectángulo. Pega la figura en el recuadro.

3.

Puedes usar bloques de patrón
para hacer una figura más grande.

Manera 1		
Manera 2	3	0

4. Forma esta figura de dos maneras diferentes.

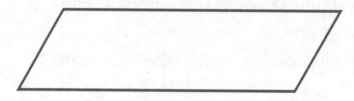

Manera 1			
Manera 2			

Puedes usar bloques de patrón para
hacer un dibujo.

Escribe la cantidad de bloques
que usaste.

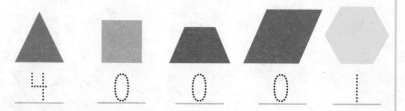

4   0   0   0   1

5. Haz un dibujo. Escribe cuántas piezas de cada
bloque usaste.

Nombre _____

Grupo E _____

Refuerzo
(continuación)

Puedes hallar las caras, las superficies planas, las aristas y los vértices de las figuras u objetos tridimensionales.

<u>6</u> caras

<u>8</u> vértices

<u>12</u> aristas

<u>0</u> superficies planas

<u>0</u> vértices

<u>0</u> aristas

Escribe cuántas superficies planas, aristas y vértices tiene cada figura.

6.   _____ superficies planas

_____ vértices

_____ aristas

7.   _____ superficies planas

_____ vértices

_____ aristas

Grupo F _____

Puedes combinar figuras tridimensionales para formar figuras tridimensionales más grandes. Combina 2 cubos.

2 cubos forman un prisma rectangular más grande.

<u>6</u>   <u>8</u>   <u>12</u>

caras   vértices   aristas

Se combinaron 2 figuras para formar una figura nueva. Escribe la cantidad de superficies planas, vértices y aristas que tiene la figura nueva.

8.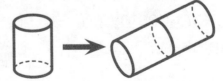

superficies   vértices   aristas
planas

Todas estas figuras son cilindros.

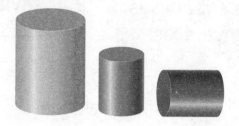

Los cilindros se definen por tener:

__0__ vértices y __2__ superficies planas.

Los cilindros **NO** se definen por su:

color o dirección .

Completa las oraciones que definen a las esferas.

9. Las esferas se definen por tener:

_____ y _____ .

10. Las esferas **NO** se definen por su:

_____ o _____ .

Hábitos de razonamiento

Perseverar

¿Qué me piden que halle?

¿Qué otra cosa puedo intentar si estoy en aprietos?

Encierra en un círculo las palabras que son verdaderas para todos los rectángulos.

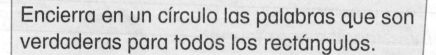

11. **Todos los rectángulos:**

tienen lados de diferentes longitudes.

son azules.

tienen 4 vértices.

Nombre _____

1. ¿Qué figura tiene exactamente 3 lados?

Ⓐ Rectángulo   Ⓑ Triángulo   Ⓒ Círculo   Ⓓ Cuadrado

2. ¿Cómo sabes si una figura es un cuadrado?

Ⓐ La figura tiene 0 aristas y 0 vértices.

Ⓒ La figura tiene 4 aristas y 4 vértices.

Ⓑ La figura tiene 3 aristas y 3 vértices.

Ⓓ La figura tiene 4 aristas de igual longitud y 4 vértices.

3. ¿Cuántas superficies planas y aristas tiene un cono?

_____ superficie(s) plana(s)   _____ arista(s)

4. Pedro hizo 3 triángulos. Luego, los juntó para formar una figura nueva.

Dibuja la figura que formó Pedro.

5. Completa la oración. Luego, explica cómo sabes que tienes razón.

Esta figura tridimensional es un _____.

6. Mónica está haciendo una mariposa. Usa bloques de patrón para dibujar las piezas que faltan.

7. Selecciona dos grupos de figuras que puedes usar para crear un 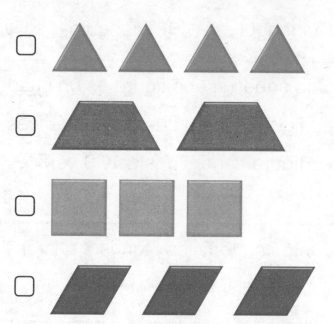.

8. Todas estas figuras son triángulos. Encierra en un círculo dos maneras de describir todos los triángulos.

Todos los triángulos: tienen 3 lados.   son amarillos.   tienen cuatro lados.

tienen 3 vértices.   son grandes.

9. **A.** ¿Qué figura tridimensional **NO** tiene un vértice?

Ⓐ   Ⓑ   Ⓒ   Ⓓ

B. ¿Cuál es el nombre de la figura que seleccionaste en **A**?

_____

10. Encierra en un círculo las dos figuras tridimensionales que se pueden usar para crear este objeto.

11. **A.** ¿Qué figura bidimensional no tiene lados rectos?

Ⓐ   Ⓑ   Ⓒ   Ⓓ

B. ¿Cuántos vértices tiene la figura que seleccionaste en **A**?

_____

12. Combina cada figura tridimensional con una manera de describirla. Usa cada descripción una vez.

	12 aristas	1 vértice	6 caras cuadradas	sin superficies planas
(cono)	☐	☐	☐	☐
(esfera)	☐	☐	☐	☐
(prisma rectangular)	☐	☐	☐	☐
(cubo)	☐	☐	☐	☐

¡Hogar, dulce hogar!

Lily usa figuras para hacer este dibujo de su casa.

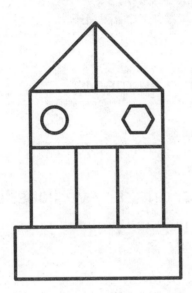

1. Colorea de azul dos de los rectángulos en el dibujo.

_____

2. Explica cómo sabes que las dos figuras son rectángulos.

_____

_____

_____

3. Una de las ventanas de la casa tiene forma de hexágono.
Muestra 3 maneras de crear un hexágono usando figuras más pequeñas.
Puedes usar bloques de patrón como ayuda.

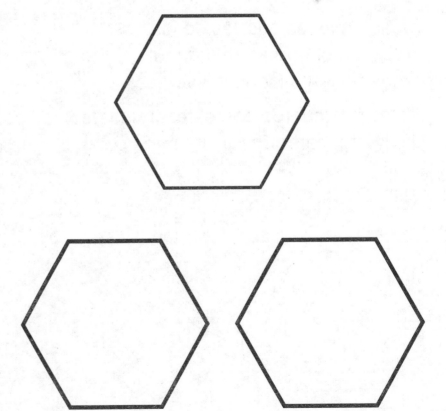

4. Lily tiene estas carpas en su patio.

Lily dice que las puertas de las dos carpas tienen forma de triángulo porque tienen 3 lados y 3 vértices.

¿Estás de acuerdo con el razonamiento de Lily? Encierra en un círculo **Sí** o **No**.

Sí　　　**No**

Explica tu respuesta.

_____

_____

_____

5. En su casa, Lily tiene una mesa que tiene esta forma.

Parte A
¿Qué forma tiene su mesa?

_____

Parte B
¿Cuántas caras, aristas y vértices tiene la mesa?

_____ caras

_____ aristas

_____ vértices

Parte C
¿Qué figuras tridimensionales podría juntar Lily para formar su mesa?

_____

_____

_____

TEMA 15
Partes iguales de círculos y rectángulos

Pregunta esencial: ¿Cuáles son algunos de los diferentes nombres que tienen las partes iguales?

Recursos digitales

Libro del estudiante

Aprendizaje visual

Práctica

Evaluación

Herramientas

Glosario

Una rueda es un círculo perfecto.

Las ruedas nos ayudan a mover gente y cosas más fácilmente.

¡Qué interesante! Hagamos este proyecto para aprender más.

Proyecto de enVision STEM: Ruedas y figuras

Investigar Habla con tu familia y tus amigos sobre diferentes objetos con ruedas. Pregúntales cómo usan las ruedas en la vida diaria.

Diario: Hacer un libro Muestra lo que encontraste. En tu libro, también:
• haz dibujos de diferentes objetos que tengan ruedas. Describe las figuras que ves en los dibujos. ¿Cómo podrías dividir las figuras en partes iguales?
• di cómo se usan las ruedas para mover gente o cosas.

Nombre _____

⭐Repasa lo que sabes⭐

A-Z Vocabulario

1. Marca con una X el **círculo**.

2. Dibuja un **rectángulo**.

3. Dibuja las manecillas del reloj para indicar una **media hora**.

Los diferentes tipos de rectángulos

4. Colorea los rectángulos.

Luego, marca con una X el rectángulo que es un cuadrado.

5. ¿Cuántos rectángulos ves?

_____ rectángulos

¿Qué hora es?

6. Cody llega a la casa a las 4:30. Dibuja la manecilla de la hora y el minutero en el reloj para indicar la hora en que Cody llega a la casa.

---

606 seiscientos seis

Tema 15

Nombre _____

PROYECTO 15A

¿A qué juegas en los recreos?

Proyecto: Diseña y juega a un juego

PROYECTO 15B

¿Tienes una danza favorita?

Proyecto: Crea tu propia contradanza

PROYECTO 15C

¿Son todos los juegos justos?

Proyecto: Crea un par de ruletas

MATEMÁTICAS EN 3 ACTOS: VISTAZO

Representación matemática

Agregados

Video

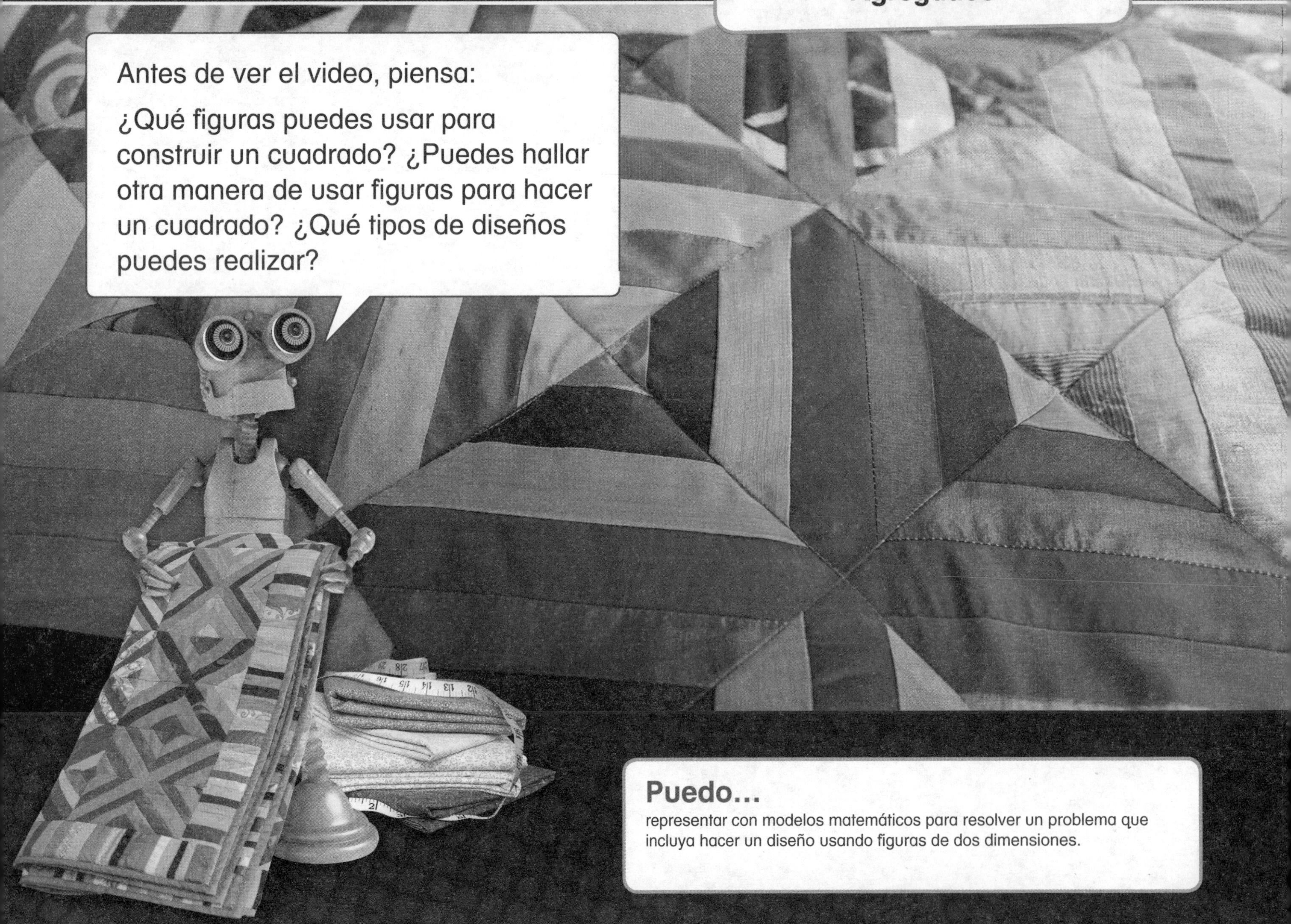

Antes de ver el video, piensa:

¿Qué figuras puedes usar para construir un cuadrado? ¿Puedes hallar otra manera de usar figuras para hacer un cuadrado? ¿Qué tipos de diseños puedes realizar?

Puedo...
representar con modelos matemáticos para resolver un problema que incluya hacer un diseño usando figuras de dos dimensiones.

Nombre _____

Resuélvelo y coméntalo

Dibuja una línea para mostrar 2 partes del mismo tamaño dentro del círculo azul.

Dibuja una línea para mostrar 2 partes de tamaño **diferente** dentro del círculo amarillo.

¿Cómo sabes que las 2 partes del círculo azul tienen el mismo tamaño?

Lección 15-1
Formar partes iguales

Puedo...
determinar si las figuras están divididas en partes iguales.

También puedo representar con modelos matemáticos.

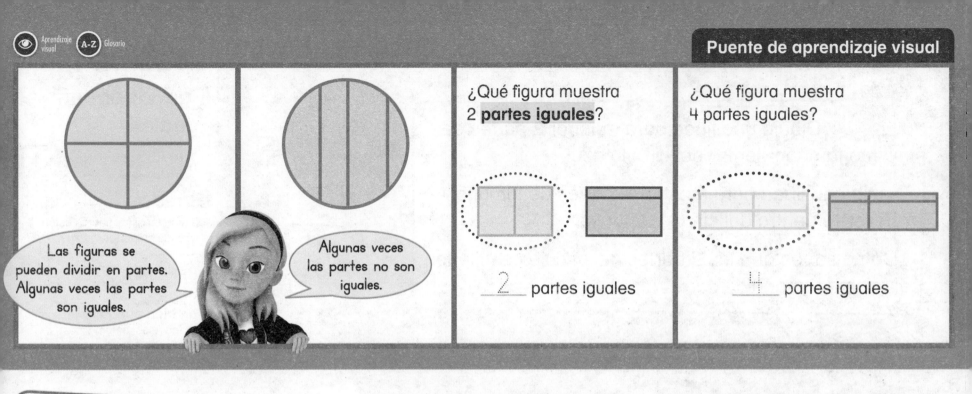

Las figuras se pueden dividir en partes. Algunas veces las partes son iguales.

Algunas veces las partes no son iguales.

¿Qué figura muestra 2 **partes iguales**?

__2__ partes iguales

¿Qué figura muestra 4 partes iguales?

__4__ partes iguales

¡Convénceme! ¿Está la figura dividida en partes iguales? Explica cómo lo sabes.

☆**Práctica guiada**☆ Decide si cada figura está dividida en partes iguales. Luego, encierra en un círculo **Sí** o **No**.

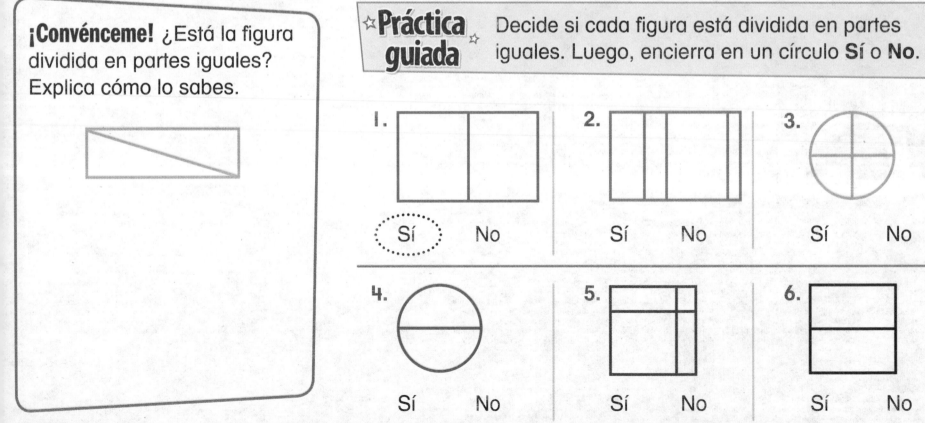

1.
Sí   No

2.
Sí   No

3.
Sí   No

4.
Sí   No

5.
Sí   No

6.
Sí   No

★ Práctica independiente   Escribe la cantidad de partes iguales en cada figura. Escribe 0 si las partes **NO** son iguales.

7.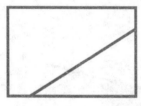

_____ partes iguales

8.

_____ partes iguales

9.

_____ partes iguales

10.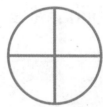

_____ partes iguales

11.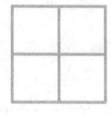

_____ partes iguales

12.

_____ partes iguales

13.

_____ partes iguales

14.

_____ partes iguales

15. Razonamiento de orden superior Dibuja un cuadrado, un círculo o un rectángulo. Divide tu figura en partes iguales. Luego, escribe la cantidad de partes iguales que tiene tu figura.

_____ partes iguales

16. Hacerlo con precisión Matt hizo una bandera con 4 partes iguales. ¿Qué bandera hizo? Encierra en un círculo la bandera correcta.

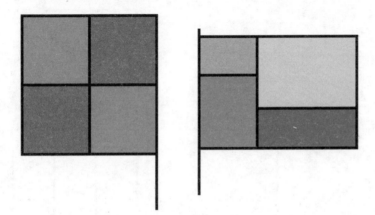

17. Hacerlo con precisión Ruth escogió una bandera con partes iguales. ¿Qué bandera escogió? Encierra en un círculo la bandera correcta.

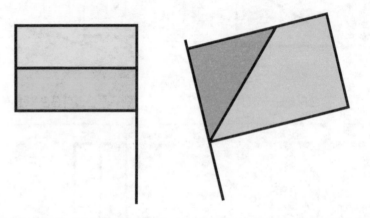

18. Razonamiento de orden superior
El Sr. Kelly hizo 2 pizzas. Cortó cada una en 4 pedazos. Cada pedazo tiene el mismo tamaño. ¿Cuántos pedazos de pizza hay en total? Haz un dibujo. Luego, escribe una ecuación.

_____ + _____ = _____ pedazos

19. ☑ Práctica para la evaluación ¿Qué cuadrado **NO** está dividido en 4 partes iguales?

Ⓐ

Ⓑ

Ⓒ

Ⓓ

Resuélvelo y coméntalo

Dibuja una línea dentro del círculo para mostrar 2 partes iguales. Colorea una de las partes. Luego, escribe los números que indican cuántas partes coloreaste.

Dibuja líneas dentro del rectángulo para mostrar 4 partes iguales. Colorea 2 de las partes. Luego, escribe los números que indican cuántas partes coloreaste.

Puedo...
dividir figuras en 2 y en 4 partes iguales y usar palabras para describir las partes.

También puedo hacer mi trabajo con precisión.

Coloreé _____ de _____ partes iguales.

Coloreé _____ de _____ partes iguales.

Puedes dividir figuras en **mitades** y **cuartos**.

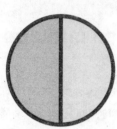

El círculo está dividido en mitades. Una mitad del círculo es amarilla.

El rectángulo está dividido en mitades.

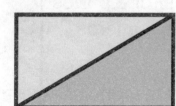

Las 2 mitades forman un rectángulo entero.

El círculo está dividido en **cuartos** o en cuartas partes.

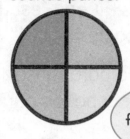

4 cuartos forman 1 círculo entero.

Uno de los cuartos del círculo es azul.

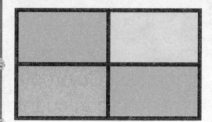

Una mitad del rectángulo es verde. Un cuarto del rectángulo es amarillo. Una cuarta parte del rectángulo es anaranjada.

¡Convénceme! ¿Qué nombre tiene la parte del rectángulo que es verde?

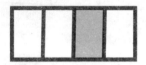

Práctica guiada Encierra en un círculo las figuras correctas en cada problema.

1. Un cuarto es azul

 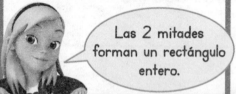

2. Una mitad es amarilla

Tema 15 | Lección 2

Práctica independiente

Colorea las figuras en cada problema.

3. Colorea una mitad de rojo.

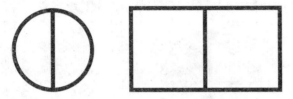

4. Colorea un cuarto de anaranjado.

5. Colorea una cuarta parte de verde.

6. Colorea una mitad de azul.

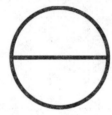 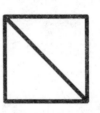

7. **Razonamiento de orden superior** Alex tiene la mitad de una barra de avena. Jen tiene un cuarto de otra barra de avena. La parte de Jen es más grande. ¿Por qué la parte de Jen es más grande? Usa palabras o dibujos para resolver el problema.

¡Piensa en el tamaño de las barras de avena!

8. **Explicar** Sam dice que el rectángulo está dividido en mitades. ¿Tiene razón? Encierra en un círculo **Sí** o **No**. Luego, explica cómo lo sabes.

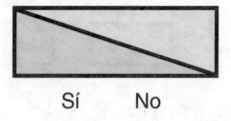

Sí   No

_____

_____

_____

9. **Explicar** Nora dice que el círculo está dividido en cuartos. Lucy dice que el círculo está dividido en cuartas partes. ¿Quién tiene razón? Explica cómo lo sabes.

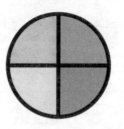

_____

_____

_____

10. **Razonamiento de orden superior** Dana dibuja un rectángulo dividido en cuartos. Colorea una mitad del rectángulo de azul y una cuarta parte del rectángulo de verde. Dibuja y colorea un rectángulo como el de Dana.

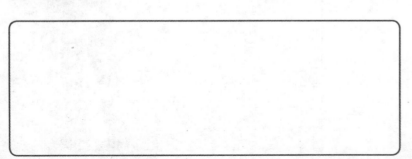

11. ☑ **Práctica para la evaluación** Yao colorea un círculo. Una mitad del círculo es azul. La otra mitad **NO** es azul. ¿Cuál es la figura que Yao pudo haber coloreado? Selecciona dos que apliquen.

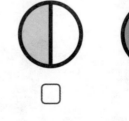

☐   ☐   ☐   ☐

Resuélvelo y coméntalo

¿Qué es más grande: una mitad o un cuarto del mismo sándwich?
Divide los sándwiches. Luego, encierra en un círculo el sándwich que tenga partes iguales más grandes.

Puedo…
decir que mientras más partes iguales haya en el mismo todo, más pequeñas serán las partes.

También puedo razonar sobre las matemáticas.

Divídelo en mitades.

Divídelo en cuartos.

Estas pizzas son del mismo tamaño.

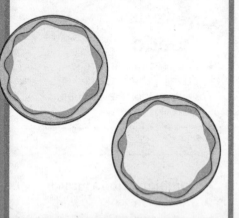

Esta pizza está cortada en 4 partes iguales. Cada parte es un cuarto de la pizza entera.

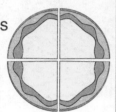

Esta pizza está cortada en 2 partes iguales. Cada parte es una mitad de la pizza entera.

La pizza dividida en cuartos tiene partes más pequeñas.

La pizza dividida en mitades tiene menos partes.

¡**Convénceme!** David tiene un sándwich. ¿Es la mitad de su sándwich más o menos comida que un cuarto de su sándwich? Explícalo.

☆ **Práctica guiada** ☆

Encierra en un círculo la figura que tiene más partes iguales. Marca con una **X** la figura que tiene partes iguales más grandes.

1.
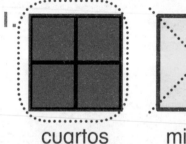

cuartos   mitades

2.

mitades   cuartas partes

3.

cuartos   mitades

4.

cuartas partes   mitades

Tema 15 | Lección 3

✫ Práctica independiente ✫   Resuelve los siguientes problemas.

5. Dibuja una línea para dividir la figura en mitades.

6. Sombrea un cuarto de esta figura.

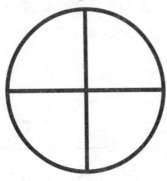

7. Dibuja líneas en el cuadrado anaranjado para formar partes iguales más pequeñas que las del cuadrado azul.

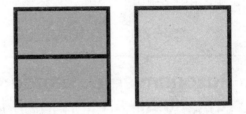

8. Razonamiento de orden superior Joan corta un rectángulo en 2 partes iguales. Luego, corta cada figura por la mitad. ¿Cuántas partes iguales hay ahora? ¿Cómo se llaman las partes? Usa palabras o dibujos para explicar.

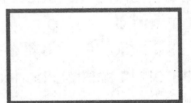

9. **Razonar** Steve corta un pan de maíz en mitades.
Corta otro pan de maíz en cuartos.
Cada pan es del mismo tamaño.

¿Cuántas piezas cortó Steve en total? ¿Qué piezas son más grandes, las mitades o los cuartos? Usa la imagen como ayuda.

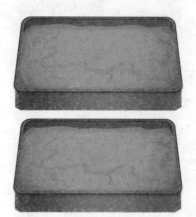

_____ piezas en total   Las/Los _____ son más grandes.

10. **Razonamiento de orden superior**
Burke y Alisha tienen cada uno una hoja de papel del mismo tamaño. Burke usa la mitad de su hoja. Alisha usa 2 cuartos de su hoja. Alisha dice que los dos usaron la misma cantidad de papel.

¿Tiene razón? Explica tu respuesta. Puedes hacer un dibujo como ayuda.

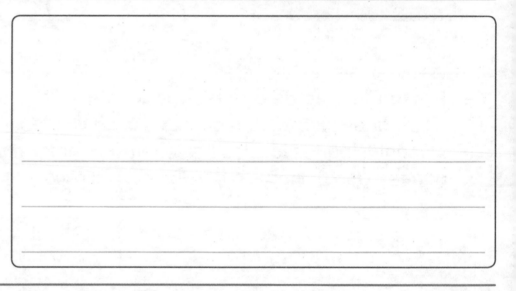

11. **Práctica para la evaluación** Joey tiene dos círculos del mismo tamaño. Corta uno de los círculos en mitades y el otro en cuartos. ¿Qué palabras describen cómo son las mitades en comparación con los cuartos?

más pequeñas, más   más pequeñas, menos   más grandes, más   más grandes, menos

Ⓐ   Ⓑ   Ⓒ   Ⓓ

Nombre _____

Resuélvelo y coméntalo La cobija de Mary está dividida en 2 partes iguales. Una parte es amarilla y la otra es anaranjada. ¿Cómo puedes describir la parte de la cobija que es amarilla? Dibuja y colorea la cobija para mostrar tu trabajo.

Puedo...
hacer un dibujo o diagrama para representar un problema sobre partes iguales.

También puedo usar números para describir partes iguales.

Hábitos de razonamiento

¿Puedo usar un dibujo, un diagrama, una tabla, una gráfica u objetos para representar el problema?

La cortina de la señora Rosas está dividida en 4 partes iguales. Ella tiñe 2 partes de rojo y 2 partes de azul.

¿Cómo puedes describir las partes de la cortina que son rojas?

¿Se pueden usar dibujos y objetos para representar el problema?

> Puedo hacer un dibujo de la cortina dividida en 4 partes iguales.

> Puedo colorear las partes iguales para representar el problema.

Puedes hacer un dibujo para mostrar cómo están relacionadas las cantidades en el problema.

Puedes usar palabras para describir el problema.

> El dibujo muestra 4 partes iguales. 2 de las 4 partes son rojas.

¡Convénceme! Amy compró una alfombra de color verde y azul. La alfombra está dividida en 4 partes iguales. La mitad es verde y el resto es azul. ¿Cuántas partes son azules? ¿Cómo lo sabes?

☆Práctica guiada☆ Haz un dibujo para resolver el problema. Luego, completa la oración.

1. Pete crea una bandera de color morado y amarillo. La bandera está dividida en cuartos. 2 de las partes son amarillas y las restantes son moradas. ¿Cuántas partes moradas tiene la bandera?

   _2_ de las _4_ partes iguales son moradas.

Tema 15 | Lección 4

Nombre _____

Práctica independiente

Haz un dibujo para resolver cada problema. Luego, completa la oración.

2. Tracy cortó una pizza en mitades. Se comió una de las partes. ¿Cuántas partes de la pizza comió Tracy?

Tracy comió _____ de _____ partes iguales.

3. Carla cortó su sándwich en cuartas partes. 2 de las partes tienen queso. ¿Qué partes del sándwich **NO** tienen queso?

_____ de _____ partes **NO** tienen queso.

4. **Álgebra** Colorea la cantidad correcta de partes para continuar con el patrón.

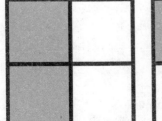 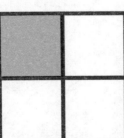 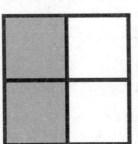 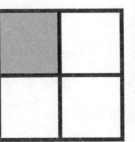 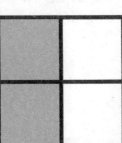 

Resolución de problemas

Partes de la pizza Kim corta una pizza en 4 partes iguales. Le da la mitad de la pizza a Stephen.

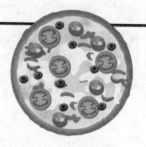

5. Representar Haz un dibujo para mostrar las partes de la pizza que tiene Stephen.

6. Razonar ¿Cuántas partes de la pizza quedan después de que Kim le da la mitad a Stephen? Escribe los números que faltan.

Quedan _____ de _____ partes.

7. Explicar ¿Qué pasaría si Kim le da a Stephen solo 1 parte de la pizza? Explica cómo puedes hallar la cantidad de partes que le quedarían a Kim.

_____

_____

_____

Trabaja con un compañero. Señala una pista y léela. Mira la tabla de la parte de abajo de la página y busca la pareja de esa pista. Escribe la letra de la pista en la casilla que corresponde. Halla una pareja para cada pista.

Emparéjalo

Puedo...
sumar y restar hasta el 10.

También puedo construir argumentos matemáticos.

Pistas

A $4 + 2 + 1$

B $4 - 1$

C $5 - 3$

D $2 + 2 + 2$

E $5 - 1$

F $1 + 3 + 1$

G $4 + 4$

H $1 + 3 + 6$

☐ $2 + 1$	☐ $3 + 1$	☐ $6 - 1$	☐ $4 + 2$
☐ $6 + 1$	☐ $1 + 1$	☐ $1 + 9$	☐ $9 - 1$

Repaso del vocabulario

Glosario

Lista de palabras
- cuartas partes
- cuartos
- mitades
- partes iguales

Comprender el vocabulario

1. Completa el espacio en blanco.

Puedo cortar mi sándwich en dos partes iguales llamadas

_____ .

2. Completa el espacio en blanco.

Cuando compartes un sándwich en partes iguales con otras tres personas, lo divides en_____ .

3. Completa el espacio en blanco.

Si quieres que todos tengan la misma cantidad de un sándwich, lo tienes que cortar en _____ .

4. Completa el espacio en blanco.

Cuatro personas comparten una botella entera de jugo y cada persona obtiene la misma cantidad. La botella está dividida en _____ .

Usar el vocabulario al escribir

5. Explica una manera de compartir tu merienda con uno o más amigos. Usa al menos un término de la Lista de palabras.

Nombre _____

Grupo A

Puedes dividir un todo en partes.

4 partes iguales

0 partes iguales

Escribe la cantidad de partes iguales que hay en cada figura. Si las partes **NO** son iguales, escribe 0.

1.

_____ partes iguales

2.

_____ partes iguales

Grupo B

Puedes dividir figuras en partes iguales. Puedes describir las partes usando las palabras *mitad* o *cuarto*.

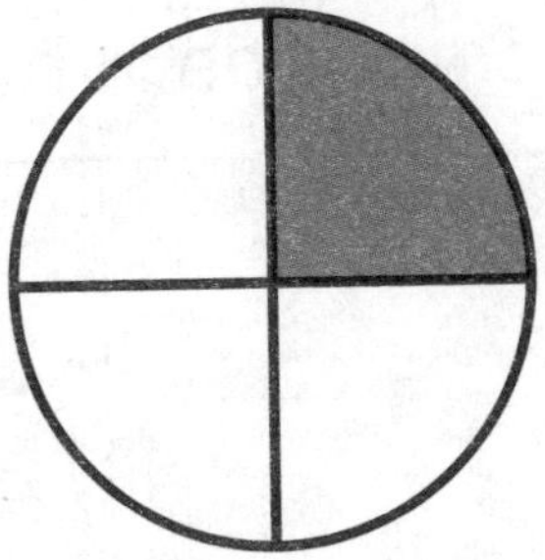

Un ___cuarto___ es azul.

Divide y colorea las figuras en cada problema.

3. Una mitad es verde.

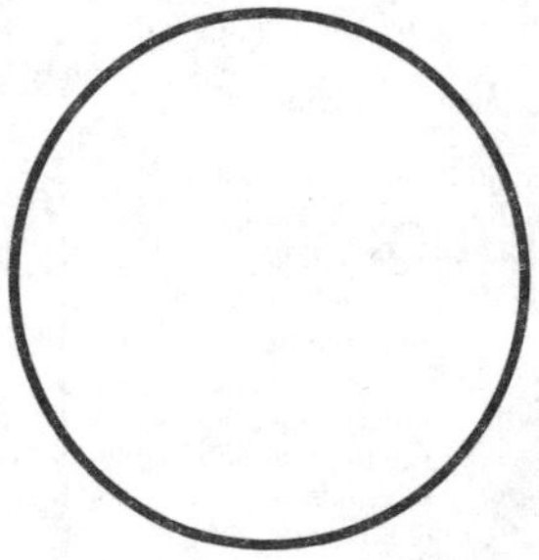

4. Un cuarto es anaranjado.

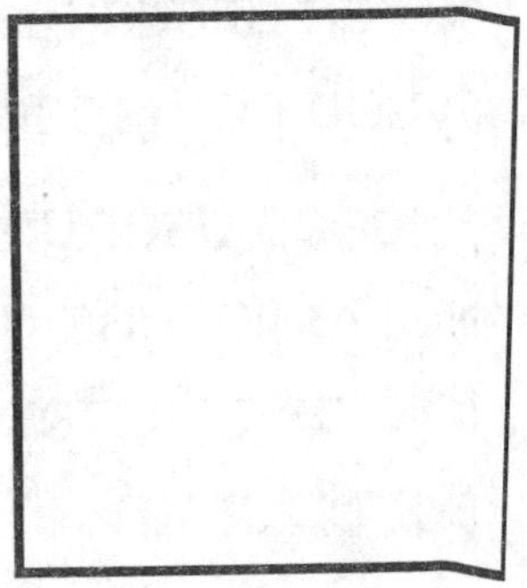

Puedes comparar las partes de una misma figura que tienen tamaños diferentes.

Estos círculos tienen el mismo tamaño, pero están divididos de manera diferente.

El círculo rojo tiene partes iguales más grandes.
El círculo amarillo tiene más partes iguales.

Divide las figuras. Luego, encierra en un círculo las palabras que completan las oraciones.

cuartos   **mitades**

5. El cuadrado azul tiene partes iguales **más pequeñas / más grandes** que el cuadrado verde.

6. El cuadrado verde tiene **más / menos** partes iguales que el cuadrado azul.

Hábitos de razonamiento

Representar con modelos matemáticos

¿Cómo puedo usar palabras matemáticas que conozco como ayuda para resolver el problema?

¿Puedo usar un dibujo, un diagrama, una tabla, una gráfica u objetos para representar el problema?

Haz un dibujo para resolver el problema.

7. La bufanda de María está dividida en 4 partes iguales. 1 parte es verde, 2 partes son amarillas y el resto es azul. ¿Qué parte de la bufanda es azul?

_____ de las _____ partes iguales es azul.

Nombre _____

1. **A.** ¿Qué figura está dividida en 2 partes iguales?

Ⓐ   Ⓑ   Ⓒ   Ⓓ

B. Describe las partes de la figura en tu respuesta anterior.

_____

2. **A.** ¿Qué figura **NO** muestra un cuarto coloreado de azul?

Ⓐ   Ⓑ   Ⓒ   Ⓓ

B. ¿Cómo sabes que tu respuesta anterior es correcta?

_____

3. Divide el rectángulo en mitades. Luego, colorea la mitad del rectángulo.
Explica cómo sabes que coloreaste la mitad del rectángulo.

_____
_____
_____

4. Compara las dos figuras. Encierra en un círculo dos maneras de describir las partes iguales de cada una.

cuartos   partes iguales más grandes

mitades   partes iguales más pequeñas

tercios

cuartos   partes iguales más grandes

mitades   partes iguales más pequeñas

tercios

5. Ron dibuja una bandera que está dividida en 4 partes iguales. 2 partes son moradas y el resto es azul. ¿Cuántas partes de la bandera son azules?

Haz un dibujo para resolver el problema. Luego, completa la oración.

_____ de las _____ partes iguales son azules.

Nombre _____

La cocina de Kerry

¡A Kerry le encanta cocinar!

Cocina muchos tipos de comidas diferentes.

1. Kerry hornea un pan y lo corta en partes iguales.

   ¿Cuántas partes iguales hay?

   _____ partes iguales

2. Kerry hornea una pizza y la corta de manera que ella y su hermana puedan tener una parte igual cada una.

   ¿Cómo se llaman las partes?

   _____

   Muestra dos maneras en las que Kerry puede dividir la pizza.

   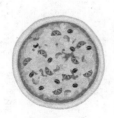 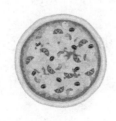

3. Kerry hace un sándwich y se come la mitad.

   Colorea la parte del sándwich que se comió.

   ¿Cuántas mitades tiene el sándwich entero?

   _____ mitades

   Piensa en lo que significa la palabra "mitad".

4. Kerry hornea un pan de avena y luego lo corta para hacer barras. Dice que dividió el pan en cuartos.

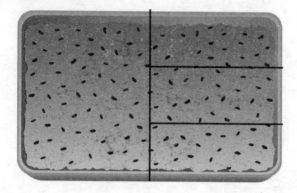

¿Tiene razón?

Encierra en un círculo **Sí** o **No**.

Explica tu respuesta.

_____

_____

_____

5. Kerry hizo una ensalada.
Cortó el tomate en cuatro partes iguales.
Puso 1 de las partes iguales en la ensalada.

Parte A

Haz un dibujo para mostrar la parte del tomate que Kerry puso en la ensalada.

Parte B

Las partes iguales que Kerry cortó se llaman cuartos.

¿Qué otro nombre se les puede dar a estas partes?

_____

Parte C

¿Cuántos cuartos hay en el tomate entero?

Hay _____ cuartos en el tomate entero.

enVision Matemáticas

Fotografías

Photo locators denoted as follows: Top (T), Center (C), Bottom (B), Left (L), Right (R), Background (Bkgd)

1 MattiaATH/Shutterstock; **3** (T) Shawn Hempel/Shutterstock, (C) Apiguide/Shutterstock, (B) Jennifer Photography Imaging/iStock/Getty Images; **4** ESB Professional/Shutterstock, Nancy Hixson/Shutterstock; **53** Karen Faljyan/Shutterstock; **55** (T) Images-USA/Alamy Stock Photo, (B) Scott Prokop/Shutterstock; **56** (T) NASA, (B) Blickwinkel/Alamy Stock Photo; **105** (L) Fotografie4you/Shutterstock, (R) Chris Sargent/Shutterstock; **107** (T) Blickwinkel/Alamy Stock Photo, (C) Alison Eckett/Alamy Stock Photo, (B) Racheal Grazias/Shutterstock; **108** Best Photo Studio/Shutterstock, Bay015/Shutterstock; **157** (L) FloridaStock/Shutterstock, (R) 611248/Shutterstock, (R) Kalinavova/123RF; **159** (T) Foodcollection/Getty Images, (B) DeymosHR/Shutterstock; **160** (T) Frank Romeo/Shutterstock, (B) Steve Heap/Shutterstock; **209** Willyam Bradberry/Shutterstock; **211** (T) Sanit Fuangnakhon/Shutterstock, (C) 123RF, (B) Art Vandalay/Digital Vision/Getty Images; **212** Wckiw/123RF, Valdis Torms/Shutterstock; **249** (L) Nick barounis/Fotolia, (C) Umberto Shtanzman/Shutterstock, (R) Gudellaphoto/Fotolia; **251** (T) PK-Photos/E+/Getty Images, (B) Kira Garmashova/Shutterstock; **252** (T) Rawpixel.com/Shutterstock, (B) Gary Corbett/Alamy Stock Photo; **281** John Foxx Collection/Imagestate/DK Images; **283** (T) PhotoAlto/Anne-Sophie Bost/Getty Images, (C) Lakov Filimonov/Shutterstock, (B) Melnikof/Shutterstock; **284** Rawpixel.com/Shutterstock, Suwat Wongkham/Shutterstock; **321** (L) Chaoss/Fotolia, (R) Lipsett Photography Group/Shutterstock; **323** (T) Brent Hofacker/Shutterstock, (B) Prasit Rodphan/Shutterstock; **324** (T) Brent Hofacker/Shutterstock, (B) Kevin Schafer/Alamy Stock Photo; **361** Anton Petrus/Shutterstock; **363** (T) Anton Foltin/Shutterstock, (C) HD Cineman/iStock/Getty Images, (B) Markara/Shutterstock; **364** Nadya Eugene/Shutterstock, Mauro Rodrigues/Shutterstock; **397** (L) Baldas1950/Shutterstock, (R) Shooarts/Shutterstock; **399** (T) Brian J. Skerry/National Geographic/Getty Images, (B) Westend61/Getty Images; **400** (T) Lori Skelton/Shutterstock, (B) Andrea Izzotti/Shutterstock; **449** Yarek Gora/Shutterstock; **451** (T) Josh Cornish/Shutterstock, (C) Gregory Adams/Moment Open/Getty Images, (B) Shaun A Daley/Alamy Stock Photo; **452** I-m-a-g-e/Shutterstock, Yellow Cat/Shutterstock; **489** Studio 37/Shutterstock; **491** (T) Vojta Herout/Shutterstock, (B) Kohei Hara/Digital Vision/Getty Images, **492** (T) Light Field Studios/Shutterstock, (B) Studio 1One/Shutterstock; **517** Vereshchagin Dmitry/Shuhtterstock; **519** (T) George Rudy/Shutterstock, (C) People Image Studio/Shutterstock, (B) Sally and Richard Greenhill/Alamy Stock Photo; **520** 123RF, Maxop-Plus/Shutterstock; **553** Sergey Dzyuba/Shutterstock; **555** (T) Joyfull/Shutterstock, (B) R.Nagy/Shutterstock; **556** (T) Nattanan726/Shutterstock, (B) Roman Korotkov/Shutterstock; **605** (TL) Sumire8/Fotolia, (TR) Janifest/Fotolia, (BL) Isuaneye/Fotolia, (BR) Ftfoxfoto/Fotolia; **607** (T) Africa Studio/Shutterstock (C) Wollertz/Shutterstock, (B) Digitalpress/123RF; **612** Dmitry Melnikov/123RF, David Homen/Shutterstock, Melnikof/Shutterstock.